YOU & US
我们和你们

中国和波兰的故事

周晓沛 赵 刚 主编

五洲传播出版社

图书在版编目（CIP）数据

中国和波兰的故事 / 周晓沛，赵刚主编 . -- 北京：五洲传播出版社，2020.1
（我们和你们）
ISBN 978-7-5085-4330-7

Ⅰ . ①中… Ⅱ . ①周… ②赵… Ⅲ . ①中外关系 - 友好往来 - 波兰
Ⅳ . ① D822.251.3

中国版本图书馆 CIP 数据核字 (2019) 第 272541 号

中国和波兰的故事

主　　编：	周晓沛 赵　刚
出 版 人：	荆孝敏
责任编辑：	高　磊
装帧设计：	正视文化
出版发行：	五洲传播出版社
地　　址：	北京市海淀区北三环中路 31 号生产力大楼 B 座 6 层
邮　　编：	100088
发行电话：	010-82005927，010-82007837
网　　址：	www.cicc.org.cn www.thatsbooks.com
承　　印：	北京圣彩虹科技有限公司
版　　次：	2020 年 1 月第 1 版第 1 次印刷
开　　本：	787×1092mm 1/16
印　　张：	15.75
字　　数：	220 千字
定　　价：	56.00 元

厚植友谊，深耕合作

——为《我们和你们：中国和波兰的故事》作序

中国和波兰虽相隔万里，但彼此交往源远流长。两国都拥有悠久的历史、璀璨的文化，两国人民都勤劳勇敢、自强不息。波兰是最早承认并与新中国建交的国家之一。中波交往史上有很多"第一"令人印象深刻：首位向西方介绍中国古代科学文化成果、有"波兰的马可·波罗"之称的卜弥格，新中国第一家中外合资企业——中波轮船公司，第一个赴华演出的外国歌舞团——马佐夫舍歌舞团。

建交 70 年来，两国历经国际风云变幻，双边关系始终发展向前。进入 21 世纪以来，双方各领域合作的深度、广度和热度持续提升。从 2004 年两国结为"友好合作伙伴"、2011 年成为"战略伙伴"，双方不断合力打造中波关系的"升级版"。2016 年，习近平主席成功对波兰进行国事访问，两国领导人在政治、经贸、科技、人文、地方等领域达成一系列重要合作共识，中波关系提升为全面战略伙伴，实现了两国关系在新的历史时期的又一次飞跃。

当前，在"一带一路"和"17＋1合作"框架下，中波在贸易投资、互联互通、人文交往等多个合作领域呈现良好发展势头。2018年，中波双边贸易额达245.8亿美元，同比增加15.3%。在波兰的主要中资企业已增至70余家，据不完全统计，投资总额达22.7亿美元，企业本地化率高达95%以上。多家中资银行在波设立分支机构，持续向波经济注资达10亿美元。两国首都间每天都有直飞航班；20%的中欧班列抵达或者经过波兰。革但斯克港也被中远海运划为波罗的海的转运中心，每周都有1.9万标箱货轮往来于革港与远东地区。在两国互联互通的助力下，双方人员往来更加频密，中国来波兰的游客逐年增加，从2016的7万到2017年的14万，2018年突破18万。两国签署了相互承认高等教育文凭和学位协议，双向留学规模不断扩大。目前，在波中国留学生约有1500人，在中国的波兰留学生超过2100人。中国教授波兰语的高校达到14所，同时，已有5所孔子学院、2所孔子课堂落户波兰。2019年，华沙理工大学孔子学院和西里西亚大学等三所高校的孔子课堂也即将揭牌。此外，两国文化交流活动数量也逐年攀升，形式和内容不断丰富。地方合作方兴未艾，充满活力。

2019年是中波建交70周年，为我们梳理既往、审视当下、面向未来带来重要契机。70年来，中波关系经历了不平凡的岁月，双方共同积累了很多宝贵的经验与财富：首先，中波间不存在任何冲突和根本利益分歧，双方始终相互尊重、平等相待，这已成为两国关系不断发展向前的重要原则。其次，中波两国民意相亲，几十年来无数中波友人积极投身中波友好，在两国间搭建友谊之桥，成为中波传统友谊历久弥新的不竭动力。第三，几十年来中波各领域合作扎实推进，双、多边合作机制不断完善，为中波关系未来发展积聚了重要动能。基于上述，我们有充分的理由相信，未来中波关系将面临更加广阔的发展前景。

世界正在经历百年未有之大变局。当前，中波各为所在地区重要经济体，经济发展充满活力。在全球贸易保护主义、单边主义、孤立主义有所抬头的大背景下，中波在"一带一路"和"17＋1合作"框架下加强合作，彼此借力，既是历史的传承、现实的需要，同时也顺应新形势下各方呼唤和平、发展、合作的时代强音。

展望未来，中国始终怀着极大的诚意和期待发展中波关系。希望两国能以建交70年为新起点，抓住机遇，承前启后，平等相待，携手并进，推进两国经贸、投资、科技、文化、教育等各领域务实合作不断走深、走实，打造长期稳定的全面战略伙伴关系，真正造福两国人民。

作为中波建交70周年的献礼之作，《我们和你们：中国和波兰的故事》一书生动记载了中波关系经历的不凡进程，唤起我们对两国传统友谊的珍贵回忆以及对未来合作的美好憧憬。相信此书不仅能帮助读者更好地了解中波关系发展的历史，也将激励两国人民更多关注中波关系发展的未来，为推动中波关系不断添砖加瓦。我愿借此机会向所有参与撰写此书的两国友人，向所有关心中国发展、为中波友好事业作出贡献的朋友们致以崇高的敬意和诚挚的感谢！

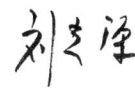

中国驻波兰大使

序

　　70 年前的 1949 年 10 月 5 日，波兰与中华人民共和国正式建立了外交关系。这一事件具有非常重要的意义，它意味着在 20 世纪三四十年代饱受战争之苦的这两个国家，积极地响应了建立新的国际秩序的意愿。

　　自 1949 年以来，波兰和中国都发生了翻天覆地的变化，虽然我们曾经庆祝的许多纪念日都已被遗忘，但这其中不包括我们两国的建交日。那么，为什么波中关系能够经受住时间的考验？

　　我认为主要原因是，在 20 世纪，波中两国的命运多次戏剧性地交织在一起，恰恰是这种交织造就了两国间的情感。由此，我不禁回想起上世纪 50 年代，经历过第二次世界大战严重创伤的波兰对新中国提供援助，而中国领导人在 1956 年的政治表态，帮助波兰避免了与苏联发生冲突。而在这之前，我们就已经有了波中友谊的象征——中波轮船公司，这是 1951 年新中国成立的第一家中外合资企业，并顺利经营至今。

　　在各自社会和经济转型的背景下，我们两国相互理解和尊重，并认可彼此过去三四十年内取得的成就。尽管现今两国政治、经济模式不同，但波兰和中国已同属世界上发展最快的国家。

虽然经历过一些艰难的历史时刻，但基于联合国的主要原则和两国间关于建立全面战略伙伴关系的联合声明，我们两国间的合作具有坚实的政治基础。从 2015 年安德烈·杜达总统访华，到 2016 年习近平主席访问波兰，再到今年王毅国务委员兼外长访问华沙，都证实了这一点。

波中之间的友好合作惠及众多领域，如经济、文化、科学、旅游以及地方合作。波兰加入欧盟以及其他多边合作形式，包括"17 ＋ 1"合作，则从更大程度上挖掘了这种潜力。

增强波中之间的合作，不仅有赖于双方的意愿，还需要熟悉彼此国家的语言和文化。因此，一些语言学家和其他各方面的作者们利用此书分享了他们参与波中文化交流的经验，此类项目的开展具有非常重要的意义。我们希望通过波兰语教学在中国的不断发展，以及汉学研究在波兰的逐步加强，能够系统性地深化两国人民的相互理解。

波中两国及其相互合作是使这个变化万千的世界稳定的重要因素。我相信，我们将在未来共同证实这一点，同时将共同发展和提升双边关系，造福两国人民。

波兰共和国驻华大使 赛熙军

2019 年 9 月 18 日

目录

记忆篇

人物篇

记忆篇

我与中国及中国人的渊源

隆金·帕斯图夏克（波兰参议院前议长）

　　我与中国及中国人的渊源，始于与中国学生的接触，并逐渐扩展到阅读有关中国的书籍，然后是在我写的研究类文章和作品中引入有关中国的话题，以及在双边学术合作框架下访问中国。在我任波兰议会众议院议员以及参议院议长的 15 年间（1991—2005），我与中国伙伴保持着密切的议会层面的联系。我与中国的联系还包括我的家庭关系：我的女儿亚历山德拉·帕斯图夏克毕业于华沙大学中文系，她也曾在北京学习，现在经营着一家促进波中商业合作的公司。她的女儿，也就是我的外孙女克拉拉，目前正在北京的一所大学读书。所以说，我的学术生涯和家庭生活都与中国、中国人有着密切的联系。

　　1954 年 9 月，我与中国人有了第一次接触。当时，我刚开始在华沙大学学习，被分配到华沙基茨基大街旁的学生宿舍。我刚到宿舍时，宿舍管理员问我是否懂英语，在得到肯定的回答后，他提议让我和两个中国学生住一起。这两个中国学生当时还不会讲波兰语，但管理员说，我可以用英语和他们交流。我同意了，并和这两位中国学生一起住了一年。他们中的一位就是裴元颖，后来成为中国驻波兰大使（1987 年 8 月至 1992 年 4 月）。在他出使波兰期间，我们又恢复了联系，并达成了富有成效的合作。

　　1963—2004 年，我在华沙的波兰国际事务研究所工作，主要负责处理美国事务和全球问题。但是，如果不考虑中国在世界政治中发挥的

2003 年 9 月 23 日，中国全国人大常委会委员长吴邦国在北京会见波兰参议长帕斯图夏克。（供图：中新社）

作用，就很难处理这类问题，所以，中国问题总是出现在我写的与美国有关的书中。例如：在《从乔治·华盛顿到唐纳德·特朗普的美国历任总统》（华沙，2018 年）这部三卷本著作中，有很多内容都是关于美国总统的对华政策；在《美国的外交（18—19 世纪）》一书中，有两章的标题分别是："与中国的第一次接触""美国外交在中国"；在我的最新作品《唐纳德·特朗普，第一位这样的总统》（华沙，2019 年）中，我用批判的视角审视了特朗普的对华政策，并对中国在美国现任总统善变的外交政策背景下仍保持建设性政策给予积极评价。

除了书籍以外，我还写了大量与中国有关的学术和时政文章。例如：《注意中国在美国政治战略中的地位》（1980年）、《美国政治中的中国》（2010年）、《从杜鲁门到奥巴马的历任美国总统的对华态度》（2014年）、《波中战略伙伴关系》（2018年）。

我与中国的联系还包括与中国高校的交往。担任众议院议员和参议院议长期间，我与中国全国人大及其领导人进行了富有建设性且友好的交流。作为"波兰之家"学术委员会主席，我参加了由中国国际交流协会组织的多次会面和会议，我们也邀请了许多中国机构的代表访问波兰。

以下，我想引用我的文章《波兰—中国：全面战略伙伴关系》中的一些内容（这篇文章发表在"波兰之家"2018年第6期小册子上）：

自1949年10月1日中华人民共和国宣布成立以来，波兰始终保持和发展同中国的全方位友好关系。1989年波兰政治转型后，中国一边等待，一边观察波兰的变化；波兰新政府则把注意力转向发展同欧盟和美国的关系，忽视了世界其他地区。

本世纪第二个十年刚开始，中国重燃与中东欧合作的兴趣，中国人开始重新发现中东欧地区。两个基础性文件确定了中国与中东欧国家（包括波兰）关系的范围和形式。第一份文件是2012年4月26日由当时的中国总理温家宝在华沙宣布的《中国关于促进与中东欧国家友好合作的十二项举措》；第二份文件是2013年11月26日中国总理李克强在会见中东欧16国领导人时通过的《中国—中东欧国家合作布加勒斯特纲要》，当时的波兰总理唐纳德·图斯克参加了此次会晤。

这两份文件的内容都非常详细，没有我们通常所说的"空话"，而是介绍了合作的内容和形式。中国政府在外交部设立了负责中国与中东欧国家合作事务的秘书处。以上这些文件向我们展示了在地理位置上相隔遥远但却保持密切合作的两个地区之间充满雄心且全面的合作计划。

由于一些欧盟国家怀疑中国正在与欧盟竞争在中东欧地区的影响力，李克强总理在布加勒斯特着重强调："中国和中东欧地区之间的务实合作不仅有利于双方，而且有利于整个欧洲"，"这种合作是中国与欧盟关系的一部分。"所以说，"16＋1合作"框架就是28＋1合作框架，因为16个中东欧国家中，有11个是欧盟成员国。

中国倡议与中东欧各国全面发展经济、文化、科学和社会合作，提出了"战略伙伴关系"和"加强政治互信"的"指导方针"。与此相关，每年都会在"16＋1"框架下举办政府首脑会晤。

然而，最重要的是为发展经贸关系而实施的一些政策。温家宝总理于2012年宣布，为中东欧国家设立100亿美元专项信贷额度。这些贷款的一部分将以优惠条件提供给中东欧国家，主要用于铁路等基础设施建设，以及高新技术和绿色经济发展。现任总理李克强后来也确认了这笔贷款的数额。2013年11月又设立了投资合作基金。根据中国的计划，促进贸易和投资应该能够使双方贸易额在2015年增加到1000亿美元。中国政府将鼓励中国企业与中东欧国家的企业进行合作，以便在每个国家成立经济技术开发区。目前，"16＋1"国家间的合资企业还很少。此外，双方还将拓展农业合作和农产品贸易、金融和运输合作（建设国际运输走廊），以及清洁能源领域（即核能、水能和风能）的合作。

上述两份文件为波中双边合作的发展创造了良好的氛围和框架。这种良好氛围外在表现为波兰高层领导人对中国的频繁访问，以及越来越频繁出现的有关波中关系的"战略性"定位。

1989年波兰政治转型后，波中之间第一次最高级别的接触是1997年亚历山大·克瓦希涅夫斯基总统访问中国，而后是2004年胡锦涛主席访问波兰——当时尚未提到战略伙伴关系，2004年签署的声明确定了未来几年波中双边关系发展的框架和基本原则。

2011 年，波兰总统布罗尼斯瓦夫·科莫罗夫斯基访问北京，这是时隔14年波兰总统再次访华。访华期间，波中关系上升到战略关系层面，双方签署了《中华人民共和国和波兰共和国关于建立战略伙伴关系的联合声明》。"对于波方来说，这意味着在双边关系之上打开了一把带有政治色彩的保护伞。"这种战略对话在双方外交部长和副部长层面进行。

科莫罗夫斯基总统在签署联合声明后表示，波兰是与中国建立战略伙伴关系的七个欧盟国家之一。他解释说，波中伙伴关系的基础与"中德、中法以及中国和其他欧盟国家战略伙伴关系"的基础是一样的。战略伙伴关系意味着将政治关系和其他领域的关系提升到更高的水平，这些其他领域包括科学技术、金融、农业、运输、旅游、高等教育、青年交流、采矿业以及两国之间的地区合作。但是，当时波中两国的战略伙伴关系并没有取得令人瞩目的成就。

2015 年 11 月底，安杰伊·杜达总统对中国进行了为期四天的访问，陪同总统访华的代表团由 80 多位对波中经济合作感兴趣的波兰经济界人士组成。11 月 24 日，杜达总统出席了在苏州举办的中国—中东欧"16 十 1"合作经贸论坛。在此次论坛上，杜达还会见了中国总理李克强。

波兰的期望是很大的。杜达总统表示，波兰对于参与中国"一带一路"倡议的实施（即建设中欧交通走廊）很感兴趣。杜达希望波兰能够成为中国在欧洲的重要合作伙伴，他指出："通过波兰，中国的经济影响可以辐射到欧盟其他国家。"

杜达总统和一大批波兰企业家参加了波中双边经济论坛。此次论坛举办期间，两国企业签订了许多合同，签约企业包括波兰矿山设备进出口公司、哈特兰斯物流公司、来自沃维奇的乳制品公司，以及来自波兹南的超级计算科学中心。BZK 公司还签署了在中国设立分公司的合同，该公司主要进行原材料和农产品贸易。当时双方没有公布这些合同的总价值。杜达总统告诉中方，波兰希望能积极参与到中国倡议的"一带一路"建设当中。他还提到，波兰已经报名加入了亚洲基础设施投资银行。

虽然杜达总统此次访华的首要目的是参加"16＋1"合作经贸论坛，但东道主很快意识到，他们正在与代表波兰执政党的波兰新总统打交道。安杰伊·杜达在北京受到了最高级别的礼仪接待。会谈结束后，在两国元首的见证下，双方签署了 BGK 银行与中国工商银行（世界上最大的银行）的合作协议，以及旅游业合作协议等。这次双方共签署了 9 份合作协议，而作为波兰新任总统，杜达并没有参与这些合同的准备工作。

总的来说，波兰总统在中国特别是在当地媒体上给人留下了非常好的印象。作为一位来自欧洲的友好人士，他支持中国领导人的倡议，这对波兰投资者来说很重要，因为中国人当然只接受态度坚定的朋友。

2016 年，中国国家主席习近平在访问波兰之前发表的文章中积极评价了与安杰伊·杜达的会谈：去年年底杜达总统成功访华，我们就加强两国高层交往、深化战略互信、推动各领域务实合作达成广泛共识。双方签署关于共同推进"一带一路"建设的政府间谅解备忘录，为两国各领域交流合作奠定了坚实基础。波兰是中东欧地区较早同中国建立战略伙伴关系、第一个加入亚洲基础设施投资银行的国家。近年来，中波两国经济保持稳定增长，连续多年互为对方在各自地区的最大贸易伙伴。

在访问波兰之前发表的这篇文章中，习近平主席最关注中国与中东欧和欧洲的合作。"让我们携手努力，"他写道，"推动中波友谊航船沿着互利共赢的航道，向着中波关系、中国—中东欧国家合作、中欧关系的美好未来全速前进。"

波中议会交流是两国双边交往的重要组成部分。我个人对 2003 年作为波兰议会第五届参议院议长访问中国之行十分满意。2015 年 9 月，众议院议长玛乌戈热塔·基达瓦—布翁斯卡访问中国期间，中方提出了扩建中波之间的物流连接体系的倡议。布翁斯卡议长和中国全国人大常委会委员长张德江就两国议会议员如何充分利用 2011 年以来建立的战略伙伴关系所创造的机会进行了交谈。

区域合作是波中双边合作和战略伙伴关系的重要补充。虽然波兰和中国在地理位置上相隔遥远，但两国间的区域合作正在逐步发展，这种区域合作涵盖了城市之间、各级地方政府之间的联系，以及地方企业、科学文化机构间的合作。两国之间的政治体制差异并不构成区域合作发展的障碍。A. 斯考鲁普斯卡和 J. 斯楚德里克—塔塔尔说，"波兰地方政府与中国地方政府进行合作，他们重点关注的领域包括经济、教育、文化和旅游业。（中方）能够获得波兰地方管理层的一些经验分享，包括在环境保护、地方交通、企业运营、经济特区建设、预算规划、污水处理方面的详细解决方案。"

波兰和中国还缔结了多对友好省市关系，例如革但斯克与上海、卢布林省与河南省、斯武普斯克与厦门、罗兹与成都等。2014 年 6 月，中国波兰地方合作论坛在广州举行。

在这篇文章中，我不会涉及太多波兰与中国的经济合作，尽管它是可以用货币进行衡量的最活跃的领域——这种合作是建立在 9 项政府间合作协议的法律基础之上的。中国是波兰在亚洲大陆的最大贸易伙伴。但遗憾的是，波兰对中国的贸易逆差巨大，2015 年达到 185.1 亿欧元，其中，波兰从中国的进口额为 203.3 亿欧元（增长 16%），出口额为 18.2 亿欧元（增长 8%）。在波兰的总进口额中，中国位居第二（与第一位的德国相差 400 亿欧元）。波兰公司参与波中贸易的情况与中国公司的情况也明显不成比例。2014 年，有 2431 家波兰公司参与了对中国的出口，同时有 24598 家中国公司参与了对波兰的出口。

中国前驻波兰大使徐坚认为，中国的"一带一路"倡议与波兰 2030 年长期战略发展计划以及波兰经济外交发展方向相契合。波兰在发展与中国的经济合作方面也能获得一些切实的利益。我们应该努力加快波兰出口额的增长，推动波兰企业在中国环保领域投资和中国企业参与波兰基础设施建设。

波兰与中国的战略伙伴关系确立于 2011 年，双方同时确认了未来几年内的双边关系性质。此后，波中双边关系得到了系统的发展。徐坚大使在 2016 年 6 月表示：过去五年来，华沙与北京的双边关系发展迅速，两国成为彼此越来越重要的伙伴。波兰总统访问中国，中国总理访问波兰，两国外交部长互访，并举行了四轮副部长级别的战略对话，我们就国家发展计划交换意见，并关注在国际问题上的对话质量，我们正在等待着中波关系发展进入新时代。

中国人喜欢用"战略伙伴关系"这个词，无论它意味着什么，有一点是毋庸置疑的，即它为各领域的双边关系和合作的发展创造了有利的气氛。中国在世界上所扮演的角色和发挥的作用会加强她在亚洲乃至全球范围内的影响力，与此同时，波中双边关系的作用和意义也会增强。

满目风光七十载，结伴同行向共赢

刘彦顺（中国前驻波兰大使）

2019 年，恰逢中国和波兰建立外交关系 70 年。在这喜庆的日子里，我想讲讲我经历的有意义的点滴往事，让它汇入两国人民共同欢庆的喜乐，汇入结伴同行、合作共赢的发展大潮。

结下不解之缘

我同波兰的缘分始于留学。1953 年我从牡丹江中学毕业，考入北京大学哲学系；1954 年由高教部派往波兰留学，成为当时负笈东欧的莘莘学子之一。1957 年，我走出华沙外交学院的大门，投身祖国的外交事业，长期从事对波工作。同许多同龄人一样，我既没有虚度年华的悔恨，也没有碌碌无为的烦恼，始终实践着自己的诺言，把青春和力量奉献给祖国的外交事业，奉献给中波两国人民友好与合作的事业。

半个多世纪以来，我和夫人李惠娣参赞前后四次在波兰学习和工作。波兰大地上的一草一木，波兰天际中的风云变幻，波兰人民心里的喜怒哀乐，活生生地留在我的记忆之中。我喜欢波兰山河湖海的自然之美，更喜欢波兰人民的淳朴和好客的心灵之美。

我第一次走进华沙大学校门，听到的第一句话是一位波兰老师用曲阜乡音欢迎来自遥远东方的我们："子曰：有朋自远方来，不亦说乎！"这一句"子曰"温暖了我们的心，开启了我们在波兰求学的大门。

刘彦顺、李惠娣夫妇在波罗的海海滨。

在外交学院听讲波兰历史课，我和另一位中国同学遇到了困难。波兰历史上的许多典故，波兰同学早已耳熟能详，而我们却坠入云里雾里。学院院长塔·切希拉克教授得知此情，遂在百忙之中为自己压上了一个"重担"，决定给两个中国学生开"小灶"，亲自辅导波兰历史课，坚持了一个学期。

有学校和老师的关怀，更有同学之间的友爱。许多波兰同学成为我学习和生活中名副其实的志愿助教。老师在课堂上给大家讲正史，他们在课堂下给我讲野史，讲历史教科书中轻描淡写或避而不谈的趣闻轶事，特别是波苏关系中的历史空白点。

求学期间，我们同波兰同学朝夕相处，结成朋友，形同手足。他们的热情和友好始终伴随着我们前进的每一步。工作期间，我们结识了许多热衷两国友好合作的有识之士，他们都是中波友好花园中的耕耘者。

波兰"十月事件"和中波关系

70年来，中波两国之间友好合作亮点纷呈，可圈可点的故事书不胜书，我见证了其中最为精彩的一幕。它是毛泽东和周恩来亲自书写的中波关系永不褪色的华章。

1956年10月，波兰党中央政治局决定召开八中全会，改选中央第一书记，改选政治局和书记处。这本来是波兰内政，却遭到苏联干涉。八中全会前后，波兰政局动荡，气氛紧张。苏共领导赫鲁晓夫等人闯入华沙，驻波苏军奉命向华沙集结，空气中弥漫着硝烟的气味。苏波之间爆发了一场前所未有的危机，险些兵戎相见。

波兰"十月事件"震惊世界。恰当波兰处境困难之时，毛泽东洞察波苏关系中的是与非，向波兰新领导人伸出了声援和友谊之手，谱写了中波关系史中的华丽篇章。

当时我正在波兰外交学院学习。10月24日早晨，我刚刚走进教室，波兰同学尤莱克欣喜若狂地呼喊着我的名字，急匆匆地走过来同我握手，大声地说"毛泽东支持我们""中国和我们在一起""感谢中国！"看着尤莱克的那个样子，好像他在代表波兰似的，我也激动不已。后来我确切地知道了，是毛泽东坚决反对苏联动用武力干涉波兰内政的表态和派中共代表团赴苏做工作的信息传到了波兰，打动了波兰人的心。

波兰"十月事件"余音未了，1957年1月周恩来总理即应邀访波，支持重返政坛的波兰新领导人，进一步把中波友好的种子播撒在波兰大地上，播撒在波兰人民的心田中。访波后，周总理途经莫斯科时会见赫鲁晓夫，再次为波兰人民伸张正义，批评赫鲁晓夫干涉波兰内政。周总理告诫赫鲁晓夫："毛主席已预计到，华沙事件在波兰人民心中留下的痕迹，在100年内也是不会消失的。"

"十月事件"的核心人物哥穆尔卡特别强调："如果没有中国的支

持，不知事态会发展到何种程度。"波兰驻华大使基里洛克向毛泽东转告波兰领导人的看法时说："波兰的领导同志都认为，正是由于中国同志的帮助，波兰才避免了匈牙利那样的事件。"

1992 年 4 月，我出使波兰。在上任拜会中，我惊喜地发现和再次印证了这一感人的现象。在波兰社会制度已经发生根本变化的情况下，我接触到的许多政界要人，有参众两院的领导人，有总统府和政府的部长，有华沙省市的地方长官，尽管他们属于不同的党派，对世界事务和波兰内政有着这样或那样的不同看法，但在谈及中波关系时，却有一个共同点，那就是他们都主动地提起 1956 年波兰"十月事件"时中国对波兰的支持。他们对这段历史念念不忘，赞不绝口。这使我再一次真切地感到，当年毛主席和周总理采取的对波方针政策和实际行动，具有无比强大和深远的影响力，时至今日，依然是连结中波两国人民友谊的强大纽带。

低谷徘徊时的友好片断

在国际大格局风云变幻的背景下，在中苏论战和国家关系恶化的影响下，中波关系也曾有过在低谷中徘徊的时刻。但令人感到欣慰的是，中波双方都能冷静、理智地处理问题，不时表现出友好合作的愿望，并抓住机遇向对方释放善意，甚至伸出援助之手。这使我想到了我参与处理的几个温暖人心的案件。

营救在巴西被扣中国人员

1964 年，在中苏论战的高峰期，为营救被巴西政变当局无理逮捕的九位中国工作人员，波兰主动向我国伸出了友谊之手。波兰利用驻巴西大使馆构筑起一条从巴西经华沙到北京的信息渠道，向我方提供了有关九位同志在狱中坚持斗争的情况和巴西内部对事件的处置意见。

1964 年 4 月的一天夜里，我宿舍的电话铃声响起，波兰外交部主管司古拉处长紧急约见使馆张占武一秘。我作为翻译，陪同张占武在深夜中敲响了波兰外交部的大门。古拉处长谈话直奔主题，他转述了波兰驻巴西使馆的报告内容，要我们迅速转报北京。古拉还有礼貌地说："之所以深夜约见，是因为情况重要和紧急。请勿介意。"围绕营救我九位同志一事，使馆同古拉之间有过多次来往，但深夜通报，仅此一例。波兰外交这种争分夺秒、急我之所急的友好精神，给我留下了深刻的印象。

波兰驻巴西大使馆还盛情接待和帮助九位同志赴巴西探视的家属。1965 年 4 月，九位同志顺利回到祖国后，陈毅外长专门写信给波兰外长拉帕茨基，对波兰政府在营救工作中提供的帮助表示感谢。

"以船换肉"的故事

"民以食为天"，古今中外，概莫能外。上世纪 70 年代初，波兰市场肉食品匮乏，已经由经济问题转化为政治问题。1971 年 2 月，在罗兹纺织女工为"巧妇难为无肉之炊"而罢工之时，波兰副总理希尔出面约见姚广大使。

希尔同姚广大使半吞半吐地说了两段话，大意是波兰国内市场供应紧张，主要是猪肉货源短缺。波兰新造了两艘轮船，去年就想卖给中国。现在中波贸易发展缺少动力，"这肯定双方都有过错"。希尔并没有直截了当地提出什么建议，可精明的姚广大使一听就明白了他的意图，是要"以船换肉"。回馆途中，姚广大使分析说，看来波方十分清楚中国把原则分歧和国家关系加以严格区分的主张，否则他们也不会冒冒失失地由副总理出面进行"以船换肉"的试探。我很钦佩姚广大使的敏锐。不出所料，两天后波外贸部长德莫霍夫斯基急不可待地向姚广大使亮出了底牌，说波兰想从中国进口 2—3 万吨猪肉，并愿为中国建造远洋货轮，希望中方能积极考虑波方的建议。

姚广大使电请国内积极回应波方的要求。中央采纳了大使的建议，在我国内市场肉食品凭票供应也十分紧张的情况下，还是及时地帮助波兰缓解了市场猪肉匮乏的燃眉之急。

此后不久，双方借助中波公司（全称"中波轮船股份公司"，新中国第一家中外合资企业）成立 20 周年之机，顺利地恢复了两国间中断多年的部长级交往。李先念副总理在会见波兰航运部长绍帕时说：原则上有争论，有争论也不要妨碍国家关系的发展。原则争论就不过是吵架。跟你们也没有什么好吵的。后来，波兰外长英德里霍夫斯基对姚广大使说，波中在原则问题上存在分歧，但在那些有可能合作的地方，我们要发展建设性的合作。双方目前的合作是为将来开辟道路。

"猪肉贷款"的故事

1980 年夏，波兰又因缺肉和提价而引发罢工浪潮，进而诞生了团结工会运动。是时，中波关系还处于较低的水平，但中国实行改革开放，调整了外交政策，强调不以社会制度和意识形态的异同论亲疏，对波兰等东欧国家实行"三个尊重"的方针，即尊重他们根据本国情况确定的内外政策，尊重他们同苏联在历史上形成的特殊关系，尊重他们发展同中国关系的设想和做法。

为了增进两国人民的友谊，推动双边关系进一步朝着改善的方向发展，中国声明"波兰的事情应由波兰人民自己解决，反对外来的干涉"，同时决定以十年长期无息贷款的方式提供 5 万吨猪肉，以缓解波兰的燃眉之急。

1981 年 8 月底，中国驻波使馆临时代办奉命向波兰外交部副部长提出我方的建议，副外长的第一反应是积极的，他立即应允报告主管副总理，尽快予以答复。十多天过后，波方外贸部主管司长约见中国使馆商务参赞，正式答复说，中方的建议"波方没有预料到，是带有援助性质的贸易合作，波方积极评价，愉快接受，只是希望早发货，能在圣诞节前运到波兰"。

10 月 16 日，波兰外贸部副部长格维亚兹达同中国经贸部副部长陈杰在政府间贷款协议上签字。中方提议发表公报，波方不同意。过后20 天，波通社单方面发表了从中国进口猪肉的消息，其中只说猪肉是波兰畜产公司从中国购买的，而避谈两国政府贷款协议。显然，波方对中方的善意感到突然，又惊喜，又疑虑重重。中方对波方的处境和做法给予充分的理解和谅解，表明了我们的主动是真诚的，友好的。

圣诞节期间，中国猪肉端上波兰千家万户的餐桌，引起波兰各界的好评。波兰驻华大使说，"这是天上掉下来的金苹果。"波兰外交部一位官员说，"中国在地理上离我们很远，感情上离我们很近。"有记者说，"这是恢复和发展波中关系的新开端。"有教授说，"期限十年，那么长，简直就是馈赠。"时任波兰领导人雅鲁泽尔斯基后来在他的书中说，"听起来真吓人。我们为了应急，从中国购得猪肉。运输这批猪肉，要走过大半个地球。华沙有人编了个段子说，'中国猪腿特别长，赛马场上可称王'。"

任职期间的难忘经历

中波之间的传统友谊经受了国际风云变幻的考验。1989 年，当波兰社会制度发生剧变的时候，中国当即宣布坚持尊重波兰人民自己的选择，坚持超越社会制度、意识形态、发展道路的差异，在和平共处五项原则基础上保持和发展两国关系。我在波兰任职期间，深切地感受到中国的政策主张赢得了波兰各界有识之士的理解和赞同，两国关系迅速走上了发展的轨道。

波兰总统的幽默

1992 年，我出任中国驻波兰第 11 任大使。此前，我曾经三次在驻波使馆工作，先后得到王炳南、王国权、姚广、刘述卿、于洪亮、王荩卿六位大使的领导和指导，使我有机会从近处学习他们是怎样理解和履行大使的职责，怎样根据实际情况贯彻执行中央的方针政策，怎样在双边关系冷暖变化中驾驭一叶扁舟而破浪前行。

1992 年 5 月 13 日，刘彦顺大使向波兰总统瓦文萨递交国书。

离京赴任前夕，波兰驻华大使邓鲍夫斯基先生和夫人为我和夫人设家宴饯行。在讲话中，他把两国关系比作撑杆跳，说两国关系已经达到一定的高度，再向上攀升，每一个刻度都是相当困难的事，但是希望大家共同努力，把标杆提得再高些、更高些。我赞赏他的"标杆说"，表示中波双方应共同努力，百尺竿头，更进一步。

1992 年 5 月，全国人大常委会副委员长陈慕华（前排中）访问波兰期间与驻波使馆工作人员合影留念。前排左 5 为刘彦顺大使。

上任后，我要做的第一件事，就是向波兰总统瓦文萨递交国书。按照波兰总统府的礼宾规定，总统接受使节的国书后，安排 20 分钟和使节的"私下会见"。5 月 13 日，我递交国书后，走进了瓦文萨总统小巧的会客室。我们交谈了半个小时。他自问自答打开了话匣子，说波兰这座大厦正在装修，现在很凌乱，装修后会更整齐，更美好；说波兰愿意同中国进行友好合作。当铃声响时，他也没有"闻铃即止"，起身送客。时间超过礼宾规定，表现了波兰人的好客精神。

在我任内，陈慕华副委员长、邹家华副总理、张万年总参谋长先后率团访波，会见了瓦文萨总统。这些访问，是中波关系不断向上攀升的标志。瓦文萨常说，中波相距虽然遥远，但实际上可以说是位于欧亚大陆上的"只有一邻之隔的两个邻居"，"是邻居，就应该相互帮助"。同陈慕华副委员长会见时，瓦文萨迟到了两分钟。只见他急匆匆从会见厅的侧门走了进来，然后激动地说："我要访问俄罗斯，总理、外交部、议会之间意见分歧，争论不休，统一不起来。这叫我怎么办？我就说，现在我要会见中国贵宾，建议休会。他们人人鼓掌，一致同意。你们看，只有在波中友好问题上，波兰人的意见才是一致的。"这段开场白，瓦文萨说得有声有色，在场的人个个忍俊不禁。

竞相访华的春天

1989 年后，波兰各种类型的政党蜂拥而起，政治舞台上呈现出错综复杂的景观。怎样在合法的朝野各党中广交朋友，做好工作，是使馆面临的重要问题之一。我抓紧时间利用拜会的机会，根据我国一贯倡导的党际关系的原则精神，通过广泛的接触，结识了一些新朋友，从而迎来波兰五个政党和社团竞相访华的春天。

1993 年伊始，分别代表波兰政坛左、中、右三种政治势力的团组先后访华，引起波兰社会各界的重视。人们普遍认为，这表现了波兰朝野上下均有同中国加深相互了解和增进友好合作的迫切愿望。

波兰农民党主席帕夫拉克曾说："既然莫楚尔斯基能去中国，为什么我不能去中国！"他这样说是不无缘由的。莫楚尔斯基是波兰独立联盟创始人，早在人民波兰时期他就成立地下党，曾因"三反"而被捕入狱，判以重刑。苏联解体后，他和许多人囿于意识形态，不承认中苏有别。许多波兰人认为，莫楚尔斯基绝不会访问中国，中国也绝不会邀请莫楚尔斯基访问。当"绝不会"变为"绝对会"的时候，这种说法不攻自破。

4月3日，帕夫拉克赴华。在一次外交活动中，社民党副主席奥莱克西先生告诉我，某议员编了一个故事，大意是帕夫拉克和莫楚尔斯基在北京街头狭路相逢，两人异口同声惊愕地叫了起来："怎么，你也来了！"随后两人哈哈大笑，握手言欢。奥莱克西说："你看，大家都愿意去北京，什么时候我也要再到北京去一次。"1993年秋，奥莱克西当选为波兰众议长。果然，他上任不久即率议会代表团访华，并建议在议会成立波中小组，由访华五政党和社团的议员组成，以密切波中之间的交往。

1993年6月，我在回国述职前夕邀请波兰外交部官员来使馆喝茶，想听听他们对中波关系的看法。他们称赞中国不介入党派之争，不干涉波兰内政，邀请波兰一些政党领导人访华，同各界人士广交朋友，把双边关系建立在广泛而深入的社会联系和社会基础之上，这对发展中波关系十分有利。他们认为，现在波兰国内情况同剧变初期相比大不一样，执政集团和政界人士逐渐明白，要对中国采取友好合作的态度。

波兰独立联盟主席莫楚尔斯基从中国返回华沙后，我在官邸设宴为他洗尘。他告诉我，他们在离开北京之前，专门开了一次总结会，结论是，中国同苏联不一样，不能在中俄之间画等号，波兰独立联盟应该修改其迄今为止的对华政策。

波兰农民党主席帕夫拉克是一位年轻的政治家，他曾于1992年6月受命组阁，担任总理33天，终因组阁不成而辞职。1993年4月，他以农民党主席的身份访华，同年9月议会大选后再次出任政府总理。本来这是互不相干的两件事，但波兰众议长奥莱克西称赞说，中国善于做人的工作，而且能够走在时间的前面。

友好合作的耕耘者

苏霍茨卡执政不久，主管经济工作的副总理戈雷舍夫斯基告诉我：

波兰副总理戈雷舍夫斯基（左）会见刘彦顺大使。

"同中国进行广泛的经贸合作，是我的经济主张的组成部分。"他认为中波关系应该进入一个新的阶段，由单纯的商品交换进入生产领域的经济和技术合作。他表示将努力推动中波两国新的经贸合作协定的签订。他向邹家华副总理发出访波邀请，同时表示自己要访华。

1993年6月，戈雷舍夫斯基访华，返波后他对记者说："可以肯定的是，在发展波中友好合作的事业中，中国没设置任何障碍"，"我访华的重要成果是使两国政治关系开始升温。"同年9月，邹家华访波，实现了一年之内两国副总理的成功互访。中方采纳了戈雷舍夫斯基的建议，新的中波两国政府经贸关系协定由两国副总理正式签署，使其成为两国政府间而非部门间的法律文件。这一协定是 1989 年波兰改制后第一个规范两国经贸关系的重要文件，也是波兰苏霍茨卡政府执政期间调整对华政策的标志。

1993 年 9 月，波兰提前举行议会大选，民左联盟获胜，同波兰农民党联合执政。民左联盟副主席奥莱克西任众议长，农民党主席帕夫拉克任政府总理。奥莱克西众议长就任刚刚一个月，帕夫拉克总理组阁成功不满一周，他们两位即拨冗前来中国使馆做客，一时间在波兰外交界传为佳话。

在欢快的笑语中，奥莱克西说，我和总理一起来，是表示我们执政联盟对中国的友好。大使先生会注意到，我国总理在执政报告中提到中国，我们将特别重视同中国发展经贸关系。奥莱克西话音未落，帕夫拉克打开话匣子，讲了年初访华的观感，讲了发展中波关系的愿望，还讲了 70 年代的一个政治笑话。这个笑话说的是上世纪 70 年代，中苏关系紧张，波兰学生被组织到中国大使馆门前游行示威。中国大使向学生只喊了一句话，游行队伍先是静了下来，然后就在一片欢笑中纷纷散去。中国大使喊的是："只要我们还活在世上，波兰就不会灭亡！"（波兰国歌歌词）帕夫拉克总理笑着说，"你看，中国大使厉害吧！"其实，这不是中国大使厉害，而是现代波兰年轻人明白了一个道理：波兰没有理由反对中国。对波兰来说，同中国友好是符合其战略利益的。这个笑话我听过多遍，这次由波兰总理自己讲，我觉得更有意义。

中国人民外交学会副会长马叙生访波时，帕夫拉克特意安排了一个"中国日"，接待这位他访华时结识的老朋友。那天，他先是上午会见，然后是中午宴请，而后又出席我在使馆举行的招待会。帕夫拉克说，波兰应该奉行全方位的外交政策，开展全方位的友好合作，哪里有发展合作的可能，就到哪里去寻找合作的伙伴。他希望效仿德国，以"科尔方式"发展中波友好合作。总理的"中国日"，成为社交圈的话题，总理

1994 年 9 月，波兰总理帕夫拉克出席中国使馆
国庆招待会，同刘彦顺大使夫妇交谈。

办公室主任得意地说："那天晚上总理'失踪'了三个小时，只有我知道他在中国大使那里。"

波兰改制初期，政府不断更迭，平均每位总理执政时间不足一年。帕夫拉克执政期间（1993 年 9 月至 1995 年 5 月），他继苏霍茨卡政府之后，进一步调整了波兰的对华政策。他以只争朝夕的精神，为发展中波关系做了两件大事：一是顶住来自国内外各方面的压力，决定在第 50 届日内瓦人权会议上对中国提出的"不采取行动动议"投弃权票。这较过去一再投反对票前进了一步。二是他主动建议以总理的身份正式访华。

1994 年 9 月，帕夫拉克访华取得圆满成功，双方签署了 9 个合作协定和意向书。双方表示，要在和平共处五项原则的基础上，进一步扩

1997 年 11 月，波兰总统克瓦希涅夫斯基访华期间会见刘彦顺夫妇。

大和加深两国之间的全面友好合作，把两国关系提高到一个新的水平。帕夫拉克强调："中国一直是波兰最友好的国家之一，是波兰的战略伙伴。"帕夫拉克访华后，恰逢中国使馆举行国庆招待会，他愉快地接受邀请，率副总理和十数位部长副部长出席招待会。他跟我开玩笑说："大半个内阁都来了，在这里可以举行部长会议了。"

不断升级的伙伴关系

1995 年底，我退休了，但我仍然十分关注中波间的友好交往和合作，为其不断的进展而高歌，真可谓"漫卷诗书喜欲狂"了。有三件事，我感到特别高兴。

一是两国高层交往日益密切，政治互信不断加强。1997 年 11 月，波兰总统克瓦希涅夫斯基访华，开启了新时期两国元首互访的大门。2004 年 6 月，胡锦涛主席回访波兰。这是中波建交以来中国国家主席对波兰的首次访问，标志着中波关系达到了一个新的高度，为 21 世纪中波关系的发展奠定了基础。双方一致同意把两国关系定位为友好合作伙伴关系。

2011 年 12 月，波兰总统科莫罗夫斯基访华。双方决定把两国关系提升为战略伙伴关系，为加强两国多领域的友好合作进一步指明了前进的方向。

2015 年 11 月，波兰总统杜达访华，并出席"16＋1"合作中国—中东欧国家领导人苏州会晤。习近平主席同杜达总统举行了富有成果的会谈。2016 年 6 月，习近平主席访波，标志着中波两国友好、务实、互利、共赢的合作达到了新高峰，也标志着中国同波兰、同中东欧国家关系发展走进了新时代，正在书写华丽的乐章。中波两国元首一致同意进一步提升双边关系，将两国关系定位为全面战略伙伴关系。

二是双方的经贸合作发展迅速。进入新世纪以来，中波之间的友好合作发展迅速，远远地超过了我当年的想象。我任职期间，曾把每年 10 亿美元定为中波贸易争取目标，虽几经努力而不可得。现今，双方在经贸领域的合作有了长足进展，波兰成为中国在中东欧地区最大的贸易伙伴。中国则逐步成为波兰第二大贸易伙伴国。2008 年双边贸易额突破 100 亿美元大关，此后年年创新高，2017 年突破 200 亿。中方的资本和企业也开始进入波兰。事实表明，中波之间的相互需求日益上升，共同利益不断增长，贸易领域不断拓展，商品结构不断优化，两国人民得到了实实在在的好处。

三是在共商共建"一带一路"中实现互利共赢。"一带一路"倡议一经提出，立即受到波兰在内的国际社会的普遍重视、欢迎和支持。波兰是率先同中国签署共建"一带一路"政府间谅解备忘录的国家之一，是亚投行的创始国之一，也是承办中国—中东欧国家领导人首次"16＋1"会晤的东道国，为"16＋1合作"（2019年希腊加入后变为"17＋1合作"）平台的建立竭尽地主之谊。波兰总统杜达说，从"一带一路"倡议中，他"看到了波兰的战略位置。波兰可以成为这一宏伟设想的一个地域中心。不仅在中东欧，而且在整个欧洲都能担此重任"，波兰"愿在'一带一路'建设中发挥重要作用"。

古代欧洲有一条从北向南途经波兰的商路，号称"琥珀之路"。随着"一带一路"倡议同欧洲发展战略的深入对接，新的"琥珀之路"正同"丝绸之路"密切交织。我相信，中波为欧亚大陆互联互通作出重要贡献之日，必将是中国同波兰，同中东欧，同欧洲共商共建共享共赢大放光彩之时。我预祝这一天早日到来。

中波交往史上的巅峰故事

苑桂森 （中国前驻波兰大使）

中波往来简要回首

　　中国和波兰之间的交往追溯久远。有记载称，在 14、15 世纪，就有波兰的传教士抵达广东惠州；而在 13 世纪，元世祖忽必烈统帅的大军一路到达欧洲奥地利的维也纳，途中也曾驻足波兰，有些痕迹至今尚在。在随后的几个世纪，中国同波兰的人文往来从未断绝。在 1905 年波兰出版的波兰文小册子中，我曾读到波兰人介绍中国领土面积、山川河流、风土人情的内容。中华人民共和国成立之初，波兰是最早承认并同新中国建立外交关系的国家之一。随后，上世纪 50 年代和 60 年代前半叶，中国与波兰在政治、经济、军事、文化、教育等各个领域的交往、合作相当活跃、密切。周恩来总理和朱德、彭德怀等几位元帅到访过波兰，波兰党、政、军领导人也访问过中国。新中国第一个中外合资企业——中波轮船股份公司于 1951 年 6 月 15 日成立。中国、波兰大批留学生被派到对方国家学习，学科涉及政治、经济、语言、医学、采矿、音乐等。从上世纪 60 年代后半叶到 80 年代，由于中国同苏联交恶，中国与属于苏联阵营的中东欧国家的往来也经历了 "寒冷" 时期，但并未完全中断。从上世纪 80 年代末开始，世界、中国、苏联和中东欧国家都发生了许多新的重大变化。在新的历史时期，中国与波兰之间交往重现活跃。但直到 21 世纪的 2004 年，中国国家主席从未到访过波兰。

2003 年 9 月 16 日，苑桂森大使向波兰总统克瓦
希涅夫斯基递交国书。

大家都知道，截至 2004 年，同我国建立外交关系的国家多达 170 个。除超级大国和关系或者地域特殊些的国家，我国国家元首每年出访的国家为数是很少的。同样，作为在非超级大国工作的中国驻外大使，能够有机会迎来自己的国家元首到访，那是其外交生涯中极其难得的经历，而我，有幸成为其中的一位。

中波交往史册上璀璨的一页，永载史册的访问

2004 年 6 月 8 日至 10 日，应波兰共和国总统亚历山大·克瓦希涅夫斯基的邀请，中国国家主席胡锦涛对波兰进行国事访问。这是中国同波兰建立外交关系 55 年，中国国家主席第一次访问波兰，是中波交往史上十分浓重的一笔。波兰总统克瓦希涅夫斯基同胡锦涛主席会谈时

2007 年 6 月 4 日，波兰前总统克瓦希涅夫斯基
夫妇与即将离任的苑桂森大使夫妇合影。

评价说："今年是波中建交 55 周年，作为首位访问波兰的中国国家元首，胡锦涛主席此行具有重大历史意义。"

这次非同寻常的访问之所以成为中国—波兰交往史上十分重要的篇章，既因为此番是中国国家主席在两国建交 55 年后对波兰的首次访问，也因为在当时历史背景下，访问成果是新思路和智慧的结晶，为中波交往与合作奠定了新的基础——将两国关系提升为友好合作伙伴关系。

在胡锦涛主席抵达波兰首都华沙的当天下午，中波两国元首举行会谈。克瓦希涅夫斯基总统说："当前两国都处于重要的发展阶段，波兰先后加入北约和欧盟，改革开放为中国带来的巨大变化令世人瞩目，中国在国际事务中的地位日益重要。无论是政治还是经贸领域，中国已成为波兰最重要的伙伴之一。"

胡锦涛主席说，发展中波友好合作关系，符合两国人民的切身利益，也有利于地区和世界的和平发展。希望双方进一步密切两国政治关系，继续开展多种形式的高层交往和接触；充分挖掘经贸潜力，切实促进相互投资，积极探索经贸合作的新形势和新途径；拓展人文、科技及其他领域的交流；面对复杂多变的国际形势，加强双方在国际事务中的协调和配合。

会谈后，两国元首签署了《中华人民共和国和波兰共和国联合声明》，双方在声明中确认了两国领导人达成的广泛共识，宣布建立中波友好合作伙伴关系。双方还签署了中波经济合作协定、文化合作备忘录、教育合作协议和铜矿开发合作框架协议等文件。

故事中的故事——胡锦涛主席特使中途奔赴美国

对于中国国家主席在中波建交 55 周年之际首次到访波兰，波兰总统克瓦希涅夫斯基高度重视，在遵循传统礼仪——在总统府举行欢迎仪式和欢迎国宴的同时，克瓦希涅夫斯基总统还作出了破格的安排：邀请波兰议会众议长奥莱克西、参议长帕斯图夏克出席国宴；6 月 9 日胡锦涛主席访问波兰古都克拉科夫时，克瓦希涅夫斯基总统夫妇乘专机专程飞抵距首都 300 多公里的克城，同胡锦涛主席夫妇在一座古老的餐厅共进晚餐。而就在这座餐厅，两国元首成就了双方相互合作的一段佳话。

俗话说，无巧不成书。世界之大，每天都有大量的事情发生，而往往不少大事又结伴而出。2004 年 6 月 5 日，美国前总统罗纳德·里根病逝。据报道，美国将为里根前总统举行国葬，这是继美国前总统林登·约翰逊下葬之后，时隔 31 年美国再次举行隆重的国葬，并且向世界各国发出了出席葬礼的邀请。葬礼定在美国时间 6 月 11 日。

可想而知，世界上许多国家都在抓紧研究决定参加葬礼的相关事务。因为亚洲、欧洲与美国时差较大，所以就时间而言就更为紧迫。6月8日，胡锦涛主席专机在华沙降落后，代表团刚刚抵达下榻饭店，我就接到代表团指示：配合代表团同我驻相关国家使馆一起密切安排从欧洲去美国华盛顿的航班路线。当时，我们使馆及我驻匈牙利（访问波兰后，胡锦涛主席将访匈牙利）、德国、奥地利、法国等使馆均全力参与其中。

与此同时，根据代表团领导指示，我和代表团相关领导分别同波兰总统府、外交部领导进行沟通，了解波方派何人、何时、如何取道去出席葬礼。面对当时这一重要和有一定敏感性的话题，波兰同行专业地询问中方的考虑。我告诉波方领导，中国将派员前往华盛顿，人选是代表团成员中的一位领导，目前当然身在波兰，至于如何取道前往，仍在安排之中。国事访问的日程是十分密集和紧凑的，同波方沟通此事已是当地时间9日的上午。波方领导了解到中方的考虑，也意识到中方希望波方予以一定配合以及时间上的紧迫性。同时，双方都是外交官，大家心有灵犀，都知道此事不应在我们这个级别上作最终商定，而是相视一笑，共同期待着。

6月9日晚，波兰总统克瓦希涅夫斯基夫妇乘专机来到克拉科夫城，同胡锦涛主席和夫人及中方代表团共进晚餐并话别。席间，克瓦希涅夫斯基总统向胡锦涛主席表示，波方了解主席阁下将派员出席美国前总统里根的葬礼仪式。他本人已决定请波兰前总统莱赫·瓦文萨代表自己于10日乘专机前往。欢迎中国官员同机赴华盛顿，也欢迎中国官员今晚与他同机返回华沙。胡锦涛主席感谢克瓦希涅夫斯基总统的盛情和友好，并通报说，中方决定派外交部长李肇星作为国家主席特使出席葬礼仪式。在场的双方人员都相视而笑，为双方的互相配合与友好暗自鼓掌。因为类似大事的机缘巧合并不是经常发生的，而且意义也会超过事情本身。事后，在不同场合，我分别见到了李肇星部长和瓦文萨前总统。他们都谈起同乘一架飞机跨洋去华盛顿的难忘经历：彼此长时间交谈，话题有严肃的、敏感的，也有家常的。

故事中的"小"故事——天公数度"变脸"

驻外使领馆接待好国家最高领导人访问，是驻外机构工作中的头等大事。我们对自己的要求是严谨组织，精心安排，细节决定成败。我们的工作目标是配合好代表团访问每一个环节的工作。这些工作经过努力是能够做到的，但有的因素超出我们的掌控能力，比如天气。

6月上旬的华沙虽然告别了初春的阴雨连绵，但时常也会有雨水光顾。接待国家最高级别代表团来访，我们发自内心地祈盼能有阳光明媚的天气，但往往天难遂人愿。

6月8日清晨，我们负责迎接代表团的同志们早早来到机场，做好机场迎接这第一场活动的最后准备工作。我们迅速排查每一个环节，确保各项工作到位。临近中午，我接到波兰礼宾官员通知，中国国家主席专机准时飞抵机场上空，正在盘旋准备降落。恰在此时，天公突然变脸，刚刚还晴好的天空，顷刻间飘下淅沥的小雨。这时，我们使馆负责安排机场舷梯的同志联系我，询问专机停稳后上敞篷舷梯还是上带雨棚的。我回答，稍等再定。我在波兰工作多年，知道当地天气瞬息变化。我们更知道，当我们的国家主席出现在专机机舱门口那一刻，摄像机记录和展示给世人的场景是多么重要。而使用敞篷舷梯和带雨棚的舷梯两者之间的效果有着明显的不同。此时此刻，专机已降落，正从远处徐徐滑行过来；也正是此时此刻，雨停了。好像小雨突然而至，冲刷了一遍停机坪，又悄悄地不辞而别，直到我们的代表团抵达饭店都未再露面。事后，当时在场的波兰官员对我说，看到中国国家主席从铺着红地毯的敞篷舷梯走下来，心中暗道，吉人自有天相。

当地时间 2004 年 6 月 8 日下午，波兰总统克瓦希涅夫斯基（右）在总统府前广场举行仪式，热烈欢迎中国国家主席胡锦涛对波兰进行国事访问。（供图：中新社）

　　然而，天气同我们开的"玩笑"仍未停止。当天即 8 日下午 3 点 30 分是胡锦涛主席国事访问中最重要的安排，即欢迎仪式和两国元首正式会谈。就在下午 2 点钟左右，天空乌云密布，瓢泼大雨倾盆而下。两国元首正式会谈将在波兰总统府内举行，即使室外下雨，亦可照常进行。但国宾欢迎仪式包括检阅三军仪仗队是在总统府庭院内的广场举行，雨水会带来诸多不便，是可想而知的。我们陪同人员不约而同地来到饭店大堂落地窗前望向天空。我发现雨云虽然很厚，但在空中漂移很快。我们都盼望它们飘得快些，再快些。也许苍天真的有眼，3 点刚过，雨过天晴，彩云高挂。由于波兰总统府位于老王宫，其广场地面是数百年前用小石块砌成的，透水性能非常好，迎宾仪式举行时，地面仅仅有些潮湿。仪式后，双方共同步入总统府会谈大厅。当两国国家元首会谈后走出总统府大门时，天气依然十分晴好。但事后同事们告诉我，会谈期间又下过阵雨。虽然雨水数度光顾，但访问进程非常顺利。中波建交55年后，中国国家主席首次对波兰进行的国事访问取得圆满成功。

传统友谊，薪火相传
——我与波兰朋友的故事

徐　坚（中国前驻波兰大使）

　　国之交在于民相亲，民相亲在于心相通。交友是外交工作的一项重要内容。2012 年 8 月至 2018 年 2 月我担任驻波兰大使期间，结交了不少波兰各界人士，与有些人还成了朋友。他们在各自的岗位上为增进中波人民相互了解、加深彼此友谊、促进国家关系发展作出自己的贡献。

老朋友，为增进友谊再立新功

　　2016 年 6 月 17 日，习近平主席在对波兰进行国事访问前夕，在波兰《共和国报》发表的《推动中波友谊航船全速前进》署名文章中讲述了五个中波友好故事，其中一个是关于第一个访问新中国的外国演出团——马佐夫舍歌舞团。

　　马佐夫舍歌舞团是波兰著名的民间歌舞团，创建于 1948 年。马佐夫舍是波兰中部的地名，该地区是波兰民间歌舞中最具代表性的玛祖卡舞曲的发源地，歌舞团因设在该地而得名。在成立后的 70 余年间，歌舞团招贤纳士，吸收各地优秀人才，在曲目编排中注意将继承和发展、传统与创新相结合，在国内国际大赛中多次荣获金奖，成为波兰最受欢迎的民间文艺团体，在中东欧地区乃至国际上也享有较高的声誉，其访问演出的足迹遍及世界 50 多个国家和地区。

2013 年 11 月 8 日，徐坚大使在接受马佐夫舍歌
舞团颁发的波中友谊奖杯后致辞。

　　该歌舞团是中波文化交流的开拓者，也是中波友谊的亲历者和传承者。1953 年 5 月，该团作为中华人民共和国成立后接待的第一个外国文艺团体，到北京等地进行为期两个月的访问演出，受到热烈欢迎并取得圆满成功。毛泽东主席、周恩来总理、陈毅副总理等领导人亲切接见了他们，十余万人观看了演出。《芦笛》《女主人不在家》等波兰民歌以及"玛祖卡""波罗乃兹"等波兰民间舞蹈令人难忘，《小杜鹃》等歌曲至今仍在中华大地广为流传。这次"开拓之旅"为中国人民了解波兰，也为新中国了解"西方文化"打开了第一扇窗口。此后，该团又五次访华，为增进中波两国人民的了解和友谊不断贡献力量。

　　2012 年 8 月我抵达华沙履新不久，就应马佐夫舍歌舞团邀请观看他们的演出，结识了中国的这个"老朋友"。那是我第一次接触波兰民间歌舞，巧妙的编排、优美的旋律、绚丽的舞姿、精彩的演唱，让我感受到波兰民间歌舞的魅力。演出结束后，我向歌舞团团长祝贺演出成功，感谢该团几十年来为中波关系作出的贡献，表示愿与他们保持联系，共同为促进两国文化交流而努力。此后，我们的交往日益密切。歌舞团团长邀请我和使馆的同事去该团参观、观看演出，我多次邀请团长等人做客使馆，并请其派人到使馆辅导馆员学习波兰民间舞蹈等。馆员们为有机会近距离欣赏他们的精湛舞艺而兴奋和激动，波兰艺术家们也为中国外交官如此热衷波兰民间舞蹈艺术而感动。2013 年，在我们的协助推动下，该团再次赴华访问演出。当年 11 月 8 日，我应邀出席该团建团 65 周年庆典演出，并接受了团长伊兹班颁发的波中友谊奖杯。他在颁奖仪式上深情回顾了多年来该团在中国演出、与中国文艺界人士交流合作的愉快经历，感谢中国驻波兰使馆多年来为支持该团赴华演出、推动中波艺术交流所做的工作，表示愿继续为中波友好作出贡献。

2016 年习主席访波前夕，我们在与波方商谈相关日程时，考虑到马佐夫舍歌舞团与中国友好交往的历史，遂建议安排一场该团的专场演出。没想到，波方也有这个想法，双方一拍即合。接到任务后，尽管访问时间已经临近，该团为表达真挚的友情，仍决定要演唱中文歌曲。为保证演出效果，在紧张的访问筹备工作中，我们抽调外交官为演员们进行辅导、纠正发音，演员们则刻苦学反复练。6 月 19 日晚，杜达总统夫妇在华沙贝尔维德宫为习近平主席和夫人彭丽媛举行专场文艺演出。马佐夫舍歌舞团 30 多位身着民族服装的演员们用字正腔圆的中文演唱了《年轻的朋友来相会》《半个月亮爬上来》等中国人耳熟能详的歌曲。演出结束后，习主席夫妇与演员们握手致谢并亲切交谈，感谢他们呈现优美动听的波兰民歌，夸奖他们演唱水平高，中文歌曲唱得好，咬字清、发音准，鼓励他们继续为中波文化交流添砖加瓦。

2017 年，我们在策划全国人大常委会委员长张德江访波日程时，也将马佐夫舍歌舞团与中国的交往列为中波友好图片展的重要内容。访问期间，张德江委员长在华沙瓦津基公园水上宫殿会见中波友好人士。当宾主进入活动现场时，电视屏幕中播放着 1953 年马佐夫舍歌舞团首次访华时在中南海演出的影片，张德江委员长饶有兴致地驻足观看了珍贵的历史片段，以及反映波兰为中国早期工业化提供帮助和支持的图片，表示"中国人民对此永远铭记在心"。

新朋友，推动双边关系上新台阶

科莫罗夫斯基是波兰著名政治家，曾任国防部长、众议长，2010年 8 月至 2015 年 8 月任总统。2012 年我出使波兰，10 月 10 日向科莫罗夫斯基总统递交国书，那是我第一次与他面对面交流。当天，我在总统府广场检阅礼兵仪仗队后，进入总统府二楼大厅等候。不一会儿，一个身材魁梧的人从一扇门中走了出来，在我对面站定，他就是总统科莫罗夫斯基。他接过我的国书，热情地握着我的手，欢迎我到波履新，随后邀请我进入会客厅进行交谈。他愉快地回忆起 2011 年 12 月对中国进行的国事访问，表示波中关系发展良好，各领域交往日益密切；强调波方高度重视对华关系，他本人将继续关心、推动双边关系的发展。初次见面，他给我留下沉稳、和蔼、友好的印象。此后，我们多次在不同场合见面，每次他都主动与我交流，表现出对中国的友好和敬意。

科莫罗夫斯基任总统期间，我曾多次邀请他到使馆参加活动，但因受波兰礼宾规定所限，这个愿望一直未能实现。2015 年 8 月他卸任后，我再次邀请他和家人到使馆做客，他欣然接受。2016 年 3 月的一个晚上，他携夫人来到我的官邸。一见面他就对我说，他年轻时曾应邀到中国驻波兰使馆参加活动，那是他第一次踏上"中国土地"，第一次接触中国。几十年后，他很高兴能再次来到"中国"、到大使的官邸做客。他表示，过去因总统身份，他不便参加外国使节在使馆举行的活动，现在不再有那么多限制，以后可以经常见面。我们一边品尝厨师精心准备的佳肴，

2017 年 8 月 2 日，徐坚大使陪同科莫罗夫斯基总统（右 1）在波兰北部湖区考察度假。

一边叙友情聊家常，气氛十分融洽。2017 年，他还应邀出席了我在使馆举办的国庆招待会。

2017 年初我夫人到使馆随任后，很快与科莫罗夫斯基的夫人科莫罗夫斯卡结为朋友。当年 3 月 7 日，我夫人在使馆举办"中国秀"活动庆祝"三八国际妇女节"，科莫罗夫斯卡应邀作为主宾出席。我和夫人陪同她以及近百名来宾一起观看了使馆专门制作的《中国，统一的多民族国家》和《中国茶》多媒体宣传片，欣赏由使馆馆员展示的民族服饰秀和旗袍秀，以及中国音乐秀、京剧戏服秀和茶艺秀，品尝中国美味佳肴。科莫罗夫斯卡对绚丽多彩的中国文化赞不绝口，认为"中国秀"如同一个多棱镜，从不同角度展示了历史悠久、博大精深的中国文化的独特魅力，不仅增加了她对中国文化的了解，也提升了她对中国的兴趣。

随着交往的增多，我们之间的友情不断加深。2017 年夏，科莫罗夫斯基夫妇邀请我和夫人去波兰北部的湖区考察度假。我们和他们及其子女一起乘坐前总统专用游船，游览湖区并共进午餐。大家无拘无束、坦诚交流，犹如一家人。在我们结束任期回国前夕，科莫罗夫斯基夫妇调整日程，专程从外地的老宅驱车赶回首都，在华沙历史悠久、最具特色的餐馆为我和夫人饯行。席间，大家共叙友情，依依不舍，都表示离别是暂时的、友谊是长存的。果然，我们回国后不久，又与科莫罗夫斯基相聚了。2018 年 10 月，他携长子到广州参加第 124 届广交会并在北京出席国际会议，我和夫人专程前往广州迎接。"在中国见到老朋友真高兴！"这是科莫罗夫斯基在中国见到我和夫人说的第一句话。我们陪同他们父子参加了相关活动，他们十分感动。

科莫罗夫斯基任总统期间，中波两国建立了战略伙伴关系，双边关系得到长足发展。卸任后，他继续关心两国关系，积极推动双边务实合作，多次来华出席国际会议和论坛，为中波两国友好关系发展继续贡献着力量。

2015 年，波兰政坛发生改朝换代式的变化，在野党先后赢得总统和议会选举。新总统杜达 8 月宣誓就职不久，波方即向中方提出，杜达总统希望参加当年 11 月在苏州举行的第四次中国—中东欧国家领导人会晤并对中国进行国事访问。这说明了波方对中波关系的重视，中方很快向他发出正式邀请，访问顺利成行。我作为驻波兰大使全程陪同他在华的活动，有机会与他更多接触交谈。杜达是首次访华，中国对他既陌生又神秘。访问期间，他不断向我提问，希望更多了解中国各方面的情况，我尽己所能予以解答、介绍。上海是他中国之行的第一站。在东方明珠广播电视塔空中旋转餐厅小憩时，杜达总统一边喝着饮料，一边望着灯火斑斓的窗外，感慨万分。他对我说，访问才开始，中国已给他留下深刻的印象，让他对中国有了新的认识。在随后几天中，除正式活动

2015 年 11 月，徐坚大使陪同杜达总统游览长城。

外，他还兴致勃勃地游览了长城、颐和园，对中国悠久的历史、博大精深的文化赞叹不已，更对中国经济社会发展取得的成就深表钦佩。在与中国领导人会谈时他表示，深化波中传统友好关系符合波方利益。波方赞同加强两国高层交往和经贸、人文等各领域合作，愿为积极推动欧中关系发展，包括"16 ＋ 1 合作"做出努力，愿在"一带一路"建设合作中发挥重要作用。两年后，我参加在波总统府举行的一场活动时，杜达总统在即席讲话中再次提到中国：2015 年我访华时，看到黄浦江上船舶穿梭不息，一片繁忙景象，表明中国的经济充满活力。我希望波兰的内河和海港运输也能像黄浦江那样活跃起来。这短短的几句话反映出他对中国的钦佩，以及中国行给他留下的印象之深。杜达总统访华半年后，习近平主席应邀对波兰进行国事访问，两国元首签署了中波关于建立全面战略伙伴关系的联合声明，两国关系再上新台阶。我感到十分欣慰的是，在我任期内，中波高层交往频繁，互信不断加深，合作持续扩大，中波双方很多人都评价说，两国关系处于"历史最好时期"。

青年朋友，继承和发展传统友谊

青年代表着希望和未来。老一代人为中波友谊打下基础，两国关系的未来需要青年人描绘。为了让波兰青年更多地了解中国和中波关系，我经常与当地青年交流，到大学演讲，参加研讨会、论坛和座谈会等，并积极推动两国青年之间的交流。在中国人民外交学会的配合下，我们先后组织了四个青年政治家代表团约 40 人访华。代表团的成员以各党派的青年议员为主，也包括大型企业、银行和地方政府的负责人，他们当中多数人之前都没有到过中国。在他们访华后，我都邀请他们到使馆坐一坐聊一聊。"百闻不如一见"是很多人对我说的一句话。他们表示，通过座谈、走访和参观，加深了对中国的了解，改变了对中国的认知。他们来自不同的党派，在波兰国内问题上认知不同，但在对华关系上有广泛的共识，一致认为加强与中国的合作符合两国和两国人民的长远利益。有的人还形象地说，中国之旅时间虽然很短，但我们都已成为中国的朋友啦。几年间，访华团成员中有的当上了部长、市长，他们都在为促进中波关系发展发挥着积极作用。2015 年 11 月波兰新一届议会成立后，在波中议员小组组建时，议员们报名十分踊跃，最终有近 60 位不同党派的议员参加，该小组成为议会国别小组中人数最多的一个，小组主席则前所未有地由一位副议长担任。

肖达克是一位普通的波兰青年，他自发创建了"中国，我喜欢"的公众号，我曾多次与他见面交谈。他生活在波罗的海一座海滨城市，供职于一家小公司。他少儿时代通过书刊、影视作品开始了解中国并逐渐

2014 年 9 月，徐坚大使在使馆会见第一个波
兰青年政治家访华团。

喜欢上中国，曾梦想成为一名"中国功夫大师"。尽管这一愿望没有实现，
但这并未影响他对中国的探索和热爱。2013 年，他在社交媒体"脸书"
上创建关于中国的公众号，之后又将其推广至推特、优兔、谷歌等新媒体，
还建立了同名博客和网站。他每天坚持编写涉华报道，推送中国文化、
历史和社会趣闻，报道中波各领域合作、交往动态。在使馆、中国国际
广播电台等单位的支持帮助下，他的新媒体平台内容日益丰富，粉丝不
断增多，成为了解中国的一个新窗口。在被问及他为这个新媒体平台投
入那么多时间和精力图的是什么时，他表示，他这样做不为营利，完全
是出于对中国的热爱，为的是让更多的波兰人了解中国，为促进中波人

民友好尽绵薄之力。2017 年 7 月，他应邀参加了张德江委员长与波兰友好人士的座谈会，并在发言中自豪地说："我每天都在脸书、推特上推介中国文化，发布涉华新闻动态，越来越多的波兰年轻人给我留言和点赞。我希望这个公众号的影响力能像两国关系一样不断提升。"在波兰，像他这样关注、喜爱中国的年轻人越来越多，"汉语热"持续升温，孔子学院已增至 5 所；在中国学习的波兰留学生人数不断增加，来中国旅游的人数快速增长……

为纪念中波建交 70 周年，在此与大家分享几个我亲历的中波友好故事。我相信，随着两国交流不断扩大、相互了解不断加深，两国人民感情的纽带将更加紧密，中波友谊一定会延绵不断、代代相传。

为波中两国交往牵线搭桥

彼得·嘎吉诺夫斯基 （波兰前众议员、前波中议员友好小组主席）

我对中国一直怀有浓厚的兴趣。这可能是因为我小时候喜欢的诸如红色铁皮小汽车、用钥匙上弦后能在桌面上蹦跳并打鸣的彩色公鸡等第一批玩具都来自中国。当时，我还不知道，按照中国的生肖，出生于1957年的我是属鸡的。

喜欢追求"中国情调"

在爷爷家里一些19世纪的旧书插图上，我第一次看到中国人和中国的风景。当时我才7岁，出于好奇，我花了整整一天时间仔细翻看这些插图。我确信，我这只"鸡"的祖国就是那个样子。

时光流逝，但我对中国的兴趣并未因此消退。尽管我一直都没有机会同当代的中国人直接接触，中国却始终存在于我的生活中。青年时代，我住在远离中国的琴斯托霍瓦。但是，在校队里，我弹奏的那只古筝是中国生产的；在学校里，我写字用的圆珠笔是利用中国技术在琴斯托霍瓦笔厂生产的；我跟女孩的第一次约会，也是在市区公园的"中国亭"。

上大学和从事记者工作期间，我到过波兰的很多地方。当时，我喜欢追求"中国情调"，如18、19世纪在波兰时兴的中国家具、瓷器、绘画等。这些物件在波兰的许多博物馆都有收藏，在万楚特、克雄日、普什奇纳、华沙瓦津基公园，尤其是维兰诺夫等波兰古老的贵族宫殿里最为常见。

嘎吉诺夫斯基在华沙国家博物馆举办的展览会上
给波兰小朋友介绍中国工艺品。

17 世纪时，维兰诺夫宫的主人、创始人扬·索别斯基三世国王对中国十分感兴趣，曾指示画师绘制了从波兰通往中国的路线图，并计划派使节前往中国。他从中国引进了大量绝美的家居用品，其中有双人床和蚕丝被，这些用品如今在维兰诺夫宫仍可见到。据传，正是在这张床上、在中国蚕丝被里，国王夫妇孕育了成群的孩子。

"百闻不如一见"

中国古语说，"百闻不如一见。"经过多年耳闻和熟读中国，我终于能目睹我的"鸡之国"了。

2000 年 5 月，我首次访问中国。当时，在应朝波议员友好小组邀请访问朝鲜民主主义人民共和国之后的回国途中，我们三个议员趁着过境中国之机，在那里多待了五天。

　　我于 1997 年秋天当选众议员。此前，我从华沙大学政治学系毕业后当了记者，这是上世纪 90 年代相当时尚的职业。1997—2007 年，我的读者三次把我选进了波兰众议院。在众议院，我曾在媒体委员会、社会救助问题委员会、波兰与欧盟一体化委员会工作，并连续七年担任欧洲委员会议会大会波兰议会代表团成员。2002—2004 年，我还担任了欧洲议会观察员。资深议员们见我对国际问题挺感兴趣，便把我推举到了众议院外交委员会和各国议会联盟。

　　各国议会联盟是历史最为悠久的国际组织之一，经英、法两国议员倡议于 1889 年成立，总部设在日内瓦。联盟主要是为世界各国议会和议员开展交往创造机会并提供便利，目的是维护世界和平、促进各国间合作、支持各国议员对话，现由 157 个议会成员和 9 个议联组成。联盟以结好议会和议员间的双边交往为基本活动形式，主要是议会领导人间的系列会晤和议员双边友好小组的日常交往，以波中议员友好小组为例，就是同中国全国人大中波友好小组的交往。

　　我在出任波中议员友好小组主席之前，曾在波兰同巴尔干地区国家议员友好小组，以及波兰同越南、柬埔寨、朝鲜、韩国等国议员友好小组等多个重要但成员数量较少的议员双边友好小组工作过，积累了一些经验。议会外交是对职业外交工作的支持和补充。总统、总理和部长通常要签署双方商定的国际协议和声明，为国际合作创造物质条件，会取得直接且较为明显的成效，而议会外交一般不会带来如此明显、快速的成果。波中两国议员间的合作，能助益两国职业外交官的工作，为国家间交往增添议会间交往渠道，深化两国友谊和合作。波中议员友好小组采用中国方式开展工作，同中国全国人大中波友好小组开创了"和谐合作"的局面。

友好小组工作的最好保障

议员双边友好小组的工作成果和议会外交的有效性，取决于以下几个条件：

首先，必须成立这样的双边友好小组。而要成立这样的双边友好小组，需要至少十多个有意同结好国家议会开展合作的议员。重要的是，必须有议会各个最为重要的议员团的代表，既要有执政党的代表，也要有反对派的代表。在双边友好小组主席团也就是领导层中，也必须有进入众议院的各大党派的代表。小组主席也很重要，应在议员中享有威望，被公认为伙伴国事务专家。双边友好小组主席团邀请并鼓励小组内其他议员开展工作。小组成员越多，其在议会内的影响就越大，越能受到议会领导和议员的尊重。规模庞大且表现活跃的双边友好小组，更易同政府总理和部长以及总统和总统府的部长开展良好合作。

双边友好小组顺利开展工作的第二个条件是，小组主席团要同代表结好国家议会、常驻波兰的大使进行长期合作。对波中议员友好小组而言，就是同中国驻波兰大使合作。此外，尤为重要的是两国立法机构双边友好小组领导层的合作。双边友好小组主席团同常驻相关国家的大使的良好合作也十分重要。

我曾是多个议会双边友好小组的主席和主席团成员。我相信，相关国家驻波兰大使态度友好、工作勤奋，则是双边友好小组和议员们较好开展工作的最好保障。

我曾有幸同一些优秀的中国大使合作。在周晓沛担任中国驻波兰大使期间，我出任波中议员友好小组主席；此后是苑桂森大使。在孙荣民大使来波兰履职时，我结束了在波兰议会的工作。

2002 年 10 月，波中议员友好小组主席嘎吉诺夫斯基会见到访的中国文化部副部长陈晓光。

宣传真实的中国

2001 年秋天，当我再次当选波兰众议员时，波中关系正陷于停滞，波兰公共舆论、媒体、政治家们都在关注波兰入盟问题。当时，我们同布鲁塞尔的入盟谈判已进入尾声。亚洲问题包括中国问题已沦为人们关注的次要问题。波兰电视台、报纸都未向中国派驻记者，鲜有关于中国的报道。通常波兰媒体只是转载西方媒体报道的一些有关中国的消息，但并不总是那么客观、友好。由于缺乏有关中国改革的及时、真实的消息，在波兰社会，同时在波兰议员中，流传着一幅不真实的中国画面——一个"第三世界"贫穷、技术落后、不民主国家的画面。

苏联解体后，许多波兰政治家和经济学家认为，在中国执政的共产党不可能实行彻底、果敢的经济改革。他们不相信，会有社会主义市场

2003 年 1 月，中国全国人大常委会副委员长铁木尔·达瓦买提在北京会见由嘎吉诺夫斯基（右 7）率领的波中议员友好小组代表团。

经济；国有企业会有经济效益，会引进新技术。21 世纪初，波兰政治精英普遍认为，只有同西方议会民主制相结合的、私有的自由市场经济能够带来世界文明的进步；只有西方的经济和政治模式能够确保各国人民幸福和富有。因此，波兰媒体及其追随的政治家们，只是狭隘地以西欧国家的人权标准来衡量中国。

当我对议会的同事说，自由市场经济和议会民主制是欧洲文明的产物，不应强加于别国特别是中国时，我听到有人恶意地评论说：你是在进行"共产党宣传"。当我向他们介绍在中国的所见所闻，也就是经济大改革和中国人民迅速致富的有关情况时，他们谁也不相信我。

其实，有时我也不相信自己的眼睛，因为我在中国亲眼所见的巨大变化，连我自己都感到十分震惊。有时，我更愿意相信自己的观察和记者的直觉，而不是那些根本反映不出当时那种剧变的统计数据。

"百看不如一摸"

通常，议员双边友好小组在每届任期内只能去结好国家访问一次，也就是说四年内只有一次。而我担任主席期间，也就是2002—2006年间，波中议员友好小组几乎每年都会去中国访问至少一次。有些人去访的频率会更高一些，因为在周晓沛大使倡议下，我们不但同中国全国人大开展合作，还同其他有意与波兰交往的中国机构建立了联系。

我喜欢的一句中国谚语是"百闻不如一见"，而另一句谚语说，"百看不如一摸。"既然波兰议员们很少能听到有关中国的真实消息，那我们就同中国大使、中国机构一起为他们创造了解真实中国的机会，让他们去访问当代的、真实的中国。最终，他们看到了，有时甚至还触摸到了。正是由于大量的交流和访问，在四年的任期内，百余名波兰议员获得了了解中国改革情况的机会。波中议员友好小组在同中方交往方面一马当先，众议院运输、卫生、旅游、法制、国防等委员会的议员们，随后纷纷同中国全国人大的相应委员会建立了合作。由于同周晓沛大使及其后数位大使的良好合作，波中议员友好小组在众参两院赢得了越来越多的关注，队伍不断壮大，到2003年已拥有100多名众、参议员，成为波兰议会内最大的双边友好小组，人数超过了任何其他双边友好小组，甚至超过了当时很受欢迎的波俄友好小组和波美友好小组。这让我感到高兴，尽管有时会带来一些意想不到的麻烦。

众议院有自己的规章制度和惯例。波兰议会具有500多年历史，奉行类似于外交礼仪的议会传统礼仪。当我们在波兰议会接待中国朋友时，我总会以波中议员友好小组主席的名义担纲主持工作。但是，鉴于

嘎吉诺夫斯基（左4）出席在中国驻波兰大使馆举行的波中议员友好小组主席团会议。致辞者为时任中国驻波兰大使周晓沛。

我们的小组颇受青睐，在议会内职位高于双边友好小组主席的副参议长，以及后来出任副总理的副众议长、自卫党主席安德烈·莱佩尔也加入了小组。这样，就出现了一个微妙的情形，那就是在正式会见时，该由谁来主持？是小组主席彼得·嘎吉诺夫斯基，还是副众议长安德烈·莱佩尔？现在，我给大家透露个秘密：莱佩尔副众议长建议由我来主持这类会见，因为我已是公认的中国问题专家。但是，为避免再出现类似情形，我曾劝说莱佩尔副众议长以自卫党主席身份同中方建立直接联系。当时，民主左翼联盟党和波兰农民党同中国共产党保持着党际关系。安德烈·莱佩尔遂提出了同中国共产党建立党际关系的建议。在他的带动下，波兰一批政党相继同中国共产党建立了联系。此后，波兰各政党都采取了"百闻不如一见"的原则。

　　周晓沛大使深谙波兰文化，他知道无论在波兰还是在中国都流行着一句谚语，那就是"要抓住一个人的心，就要先抓住他的胃"。他多次邀请波中议员友好小组成员去中国大使馆做客。在那里，我们围着摆满丰盛的中国菜肴的餐桌畅谈数个小时，不仅商讨当时的波中政治关系，还会谈及波中两国的历史、传统、家庭生活习惯。我们在了解中国文化之美的同时，还会对中国大使馆的艺术珍品赞不绝口。

我为波中两国交往做媒

　　我们对中国的每次访问都安排得井井有条：先在北京举行正式会见，之后同中国文化、商务等各界人士见面，最后还有机会领略中国地方省市的风土人情。

　　今天，经过同中国将近 20 年的密集接触，当我列举曾经访问过的中国地方省市时，中国朋友们就会跟我开玩笑说，我比他们更了解中国。但是，不单单是我了解中国，波兰代表团的每位成员赴华前，都要参加中国知识培训。我会邀请波兰最好的汉学家、经济学家、中国艺术行家来众议院讲课。这些专家讲课的消息总会不胫而走，很快传遍整个议会。因此，前来听课的除了波中议员友好小组成员外，往往还有对课程感兴趣的其他人员。代表团的每位成员在结束培训时，还要参加用筷子吃饭及中国良好教养原则的考试，而这往往都在华沙的某家中餐馆进行。

　　议员双边友好小组的活动一般仅限于议会间的交往，而波中议员友好小组的活动则突破了这个框架。我们会在展览会和音乐会上同中国艺术家见面，一起观看中国电影，还为波兰电影家协会举办中国电影回顾展提供支持。我曾参与由雅采克·博洛姆斯基导演、波中两国团队在中国东北拍摄的首部合拍影片《虎年之恋》，影片的编剧伊莱娜·斯瓦文斯卡（中文名胡佩芳）曾多次给我讲授中国文化。

嘎吉诺夫斯基在华沙国家剧院后台观摩中国京剧
演员上妆。

经常有人问我：波中议员友好小组是做什么的？小组主席具体要做些什么？我当时是这么回答的：我是在为波中两国交往做媒。传统的媒人是为男女双方结为夫妻牵线，而我们是为波中两国相关机构交往牵线，为两国政治家、文化界人士、商人交往牵线，为两国相关城市市长结好牵线，为有意开展合作的两国高校牵线，为两国记者交往牵线。正是由于我们的牵线做媒，当时至少有半数波兰议员有机会目睹了中国或者是同中国相关机构建立了合作，其中不乏各议员团的代表，他们中有些人后来还成了波兰重要的政治家。

这里，我想提一提功勋卓著的波中议员友好小组副主席、公民纲领党议员团主席格日戈什·多尔尼亚克。我至今仍清楚地记得和他一起同时任众议长布罗尼斯瓦夫·科莫罗夫斯基讨论中国改革问题的情景。2011年12月，已任总统的布罗尼斯瓦夫·科莫罗夫斯基在北京签署了关于波中建立战略伙伴关系的协议，为波中关系发展清除了最后一批障碍。格日戈什曾非常希望两国签署这一协议，但他未能活到协议签署的这一天——他不幸在 2010 年 4 月 10 日发生的波兰总统专机斯摩棱斯克空难中丧生。

今天，波兰有许多机构在致力于促进波中合作，如孔子学院、各类中文学校、波中商会等。互联网为信息的共享提供了便利。波兰是"16＋1 合作"的积极参与者，也是共建"一带一路"伟大倡议重要的欧洲合作伙伴。波兰年轻人中的"中国热"在不断升温。

我结束在波兰议会的任期后，重操旧业，又做起了时事评论员。在担任波中议员友好小组主席期间，我曾受到中国全国人大常委会委员长、政府部长及相关城市市长的接见，也接待过中国总理、全国人大常委会委员长及各专门委员会主任委员、政府部长和有关城市的市长。对我来说，这很重要，但并不是最重要的。最重要的是，我通过自己的工作在中国结交了许多朋友，迄今还同他们保持着联系。对中国的每一次访问都是我学习的机会。中国让我睁开了双眼，教会了我更睿智地看待这个全球化的世界。

肖邦公园里的中国故事

孙玉玺（中国前驻波兰大使）

源远流长的中国情结

波兰首都华沙的肖邦公园景色极为优美。园内多座宫殿各具特色，亭台楼阁错落其间，温泉池沼相映生辉，珍奇树种之间长满绿草繁花。公园的地理位置尤其重要，从公园直线向北约 5 公里就是老皇宫，其中的王室大道是一条步行街，街两侧著名景点紧密相连，主要有：老城广场、齐格蒙特三世纪念碑、皇家城堡、圣约翰大教堂、居里夫人故居博物馆、密茨凯维奇纪念碑、总统府、华沙大学、圣十字架教堂、哥白尼广场、肖邦博物馆、波兰军事博物馆、三十字架广场……肖邦公园在街区的南端，正门前矗立着约瑟夫·毕苏茨基全身铜像，佩戴绶带和勋章，依剑而立。他是 1918 年波兰恢复建国后的第一任总统，因此被尊为国父，他的头像还被印在波兰纸币兹罗提上。公园正门左侧是总统官邸，隔街对面是总理府，旁边不远处还有外交部等重要机构。

特别具有传奇色彩的是，这座园林有一段深深根植于悠久历史的中国情结。早在 15、16 世纪，波兰历史上出现过百年辉煌，当时的波兰是中欧强国，曾主持举行过欧洲首届国家元首会晤，其国土面积达 100 多万平方公里，包括现在的立陶宛、拉脱维亚、乌克兰和俄罗斯的部分领土，总面积是现在的 4 倍。17 世纪则到了辉煌的末期。当时的索别斯基国王因骁勇善战而闻名。1683 年，在土耳其军队包围维也纳之时，

华沙肖邦公园内的肖邦
纪念碑

肖邦公园里的"中国园"

他统率波兰、匈牙利和奥地利联军，打败土耳其军队，拯救了欧洲。除了善战外，索别斯基国王还有一个特别爱好，就是钟情于中国的丝绸和陶瓷。他对中国艺术品的喜爱达到痴迷的程度，这是受到了他的王后玛利亚的影响。玛利亚王后出生在法国，是当时法国国王的远亲，天生丽质。她出嫁前就酷爱中国艺术品，当时带到波兰的嫁妆里就有大量的丝绸和陶瓷。索别斯基国王与玛利亚真心相爱，共生育了 13 个孩子。中国文化成为他们的共同爱好后，索别斯基国王为了能直接从中国引进丝绸和陶瓷，制订了雄心勃勃的计划，想开辟从波兰经西伯利亚抵达中国的又一条丝绸之路。由于始终没能同俄国沙皇达成协议，这一构想成为他终生的遗憾。

索别斯基国王逝世后，波兰迅速走向衰落。1764 年，波兰末代国王奥古斯特·波尼亚托夫斯基即位时，波兰已多次被沙俄、奥匈、普鲁士三个帝国瓜分，国家已经山河破碎。年轻时的波尼亚托夫斯基多才多艺，风流倜傥，是当时欧洲出名的美男子，波兰的博物馆中至今仍保留着很多他的肖像画。他没有继承老国王骁勇善战的禀赋，却继承了对中华文化的爱好。

波尼亚托夫斯基国王之前的肖邦公园是王室贵族的狩猎场，当时被称为瓦津基公园。"瓦津基"是波兰语"浴室"一词的音译。当时，园中仅有一些供贵族在狩猎后休息和洗浴的设施。波尼亚托夫斯基继位后，将公园定为他的夏季行宫。他聘请了许多著名建筑师、画家、雕塑家，建成了水上宫殿、梅希莱维茨基宫、贝尔维德尔宫、露天剧场等历史性建筑，奠定了如今的公园风貌。由于酷爱中华文化，他将老国王和王后的许多丝绸和陶瓷藏品陈列在这些建筑中。因此，波兰官方对肖邦公园的正式称谓是"瓦津基博物馆"。波尼亚托夫斯基国王还将连接王宫和"瓦津基"的一条 5 公里长的大路命名为"中国大道"，并在大道上修了两座石木结构的中国桥和一座木质结构的中国门楼。在岁月侵蚀下，桥和门楼现已荡然无存，但其图纸一直保存在华沙大学版画馆。此外，圣彼得堡博物馆至今仍藏有一幅珍贵的油画，生动再现了当年瓦津基公园内中国桥和中国大道的情景。

波尼亚托夫斯基虽然曾作为俄罗斯女沙皇叶卡捷琳娜二世的情人，但却没能挽救波兰灭亡的命运。1795 年，建国已经 800 多年的波兰宣告灭亡：先是沦为沙俄的一个大公国，由沙皇兼任国王，后来又沦为沙俄的波兰省。此后的 100 多年里，波兰人民开始了争取恢复独立的斗争，举行过数十次武装起义。中国大道也湮没在历史长河中。

孙玉玺大使在华沙街头寻踪"中国大道"。

复兴中国大道

2010 年 6 月，我作为中国驻波兰特命全权大使来到华沙履新。在到任招待会上，我结识了田青先生。他当时任波中经济文化交流基金会董事长，是旅波华侨中的青年才俊，讲一口流利的波兰语，颇有绅士风度，在波兰上流社会结交了很多朋友。他领导的基金会主要促进了中国五矿集团和波兰铜业集团长达 20 年的友好合作，并为中波之间的文化交流牵线搭桥，做了大量工作。在基金会与瓦津基博物馆的合作中，田青了解到中国大道的历史典故以及博物馆拟翻建园内道路的计划。他先向我通报了有关情况，并介绍我认识了瓦津基博物馆馆长杰尔涅维奇。交谈中，杰尔涅维奇略带伤感地向我介绍了中国大道被湮没的历史，希望我能帮助恢复，以便唤起和延续广大华沙市民乃至波兰人民的中国情结。

2012 年 4 月，时任中国国务院总理温家宝访波期间，在波兰总理图斯克的陪同下到刚刚竣工的中国大道上散步。

后来，又经田青的介绍，我与中国五矿集团老总共进午餐。他们同意与铜业集团共同捐资，修复仍保留在公园里的 1200 米长的一段中国大道，并增建一处中国园林。后经波中基金会联系和协调，北京恭王府博物馆应邀作为建造中国园林项目的承建单位。我还将此事分别报告了两国领导人和政府。2011 年 12 月，波兰总统科莫罗夫斯基访华时与中国国家主席胡锦涛共同见证了五矿集团与铜业集团关于修复中国大道协议的签字仪式，修复工程随即启动。

2012 年 4 月，时任中国国务院总理温家宝访波期间，在波兰总理图斯克（后任欧洲理事会主席）的陪同下到刚刚竣工的中国大道上散步，然后步行至水上宫殿出席波方举行的欢迎宴会。一路上和席间，杰尔涅维奇馆长向两国总理详细介绍了公园的历史和中国情结。在那次访问中，中波两国总理共同推动建立了中国与中东欧 16 国总理每年举行会晤的

游人欣赏高高挂起的大红灯笼。

机制，开创了中东欧与中国"16＋1"合作平台。

中国大道修复竣工后，杰尔涅维奇馆长又提出了一个问题：仅在道路旁立个路牌很难引起游人的关注，似应增加一些中国元素吸引更多游人。我当即用一部中国电影的名字回答了他——《大红灯笼高高挂》。我用大使基金从北京采购了一批大红灯笼，由外交部供应处迅速运抵华沙。中国大道两旁挂起灯笼后，杰尔涅维奇馆长兴奋地告诉我："五矿集团和铜业集团用三个月恢复了中国大道。大红灯笼一夜之间就复兴了中国大道。慕名蜂拥而至的游人，不仅来自全波兰，而且来自全世界。瓦津基博物馆火了。"

中式园林后来被正式命名为"中国园"，于2014年8月落成。那时，我已经离任退休。田青担任了项目负责人，我注意到，他曾向采访的记者介绍说："中国文化部恭王府管理中心应邀作为建造项目的承建单位，承担了中国园中式建筑物的设计、建造工程，在园区恢复建造中式传统水榭、六角亭和石桥等建筑，为园区的美丽容貌锦上添花。他们在北京进行工程材料的组织，包括运输。运到以后，北京恭王府又派出 20 多名古建工程师和古建技术工人参与施工。搭建中国园的时候，没有遇到任何困难，都是按照计划实施，在短短三个月内完成了建设。当时我们还举行了中国园开园仪式，在那之后，波兰人对中国园的喜爱程度越来越高。很多人喜欢在这里休闲，欣赏中国的建筑风格。特别是华沙大学建筑系经常组织学生到中国园来参观，学习中国建筑的设计理念、结构组成。"

中美会谈宫

我在波兰任职期间曾写过一篇华沙游记，在大使馆网站上发表，其中关于肖邦公园的一段如下：

从西门一进园，首先看到的是在一大片玫瑰花当中耸立着的肖邦雕像，大音乐家的石雕像静静地坐在一株大柳树下，似乎在向大自然索取创作灵感。我在雕像前的长椅上坐下来，也想从周围的风声鸟语中听到点什么。不料，一位年过八旬的华沙老市民热情地同我打招呼，滔滔不绝地给我讲有关肖邦的故事。他还告诉我，波兰人称这里为"瓦津基"，中国人来这里看到肖邦雕像后叫这里"肖邦公园"。他更喜欢中国人起的名字。最后，他还执意要带我游园。他引领我东行，越过一个小山丘，在大约 300 米处来到一座水上宫殿前。他告诉我，这里曾是波兰末代国王波尼亚托夫斯基（Stanislaw II August Poniatowski，1732—1798）隐秘的行宫，众所周知，波尼亚托夫斯基是位风流国王，经常在这里与众多女友幽会。他为了寻求俄国女沙皇叶卡捷琳娜二世支持他当国王，还成了女沙皇的情夫，最终当了几年傀儡国王，波兰还是被沙俄和其他列强瓜分掉了。

老人讲起历史有些伤感，他说华沙是座不幸的城市，自从作为首都以来经历了太多的磨难，幸运的是现在的生活越来越好。他带我继续东

2012 年 7 月 30 日，"纪念中美大使级会谈"纪念牌揭牌仪式在华沙瓦津基公园的梅希莱维茨基宫举行，波兰总统科莫罗夫斯基（右 1）、中国驻波兰大使孙玉玺、美国驻波兰大使李·范斯坦等出席。

行约 100 米，来到一座新古典主义风格的建筑前。他说，这座建筑叫作梅希莱维茨基宫（Myslewicki Palace），自 20 世纪 50 年代末至 70 年代初，华沙一直是中国和美国保持官方接触的渠道，双方的大使级代表在这里举行了 100 多次会谈。他本人多次看到当时中国驻波兰大使王炳南率中方代表团走进公园，在这座宫殿里与美方会晤。波兰人非常支持中美友好，相信中美友好会使全世界都得到安宁和幸福。

离任前不久，我要求杰尔涅维奇馆长在梅希莱维茨基宫前挂一块介绍中美会谈的牌子，他欣然允诺。2012 年 7 月 30 日举行揭牌仪式时，他邀请了波兰总统科莫罗夫斯基、美国驻波兰大使李·范斯坦和我出席，共同为"中美会谈宫"揭牌。

中国—波兰友好关系中的亮点

骆亦粟 （中国前驻波兰革但斯克总领事、前驻塞浦路斯大使）

我曾在波兰学习，并在驻波兰使、领馆工作多年。欣逢中波建交70周年大庆，应本书编者之邀，谨以耄耋之年、抱病之身草此短文表示祝贺，衷心希望中波友好合作传统世代传承，不断发展，两国人民之间的友谊如松柏常青，永葆青春。

中国和波兰于1949年10月7日建立外交关系。由于两国历史相似、民心相通，两国关系虽经历过曲折，友好合作仍系主流，现今保持全面战略合作伙伴关系。上世纪50—80年代，中波两国友好合作中曾出现一些领先的行动，或者说有十个堪称"第一"或"唯一"的事件：

（一）1950年6月，波兰驻华大使布尔金抵京履新，三个月后即代表本国政府向中国政府提出两国签订文化合作协议的建议，中方表示赞同。双方1950年12月7日开始商谈，1951年第一季度就全部条文达成协议。同年4月30日，在华沙，由中国驻波兰大使彭明治与波文化部长斯克热舍夫斯基分别代表各自政府在中波文化合作协定上签字。这是新中国在文化交流方面与外国签署的第一个正式协定。

（二）中波建交后一个月，波兰通过其驻苏联大使馆与中国驻苏联使馆联系，表示拟派商务代表团赴华商谈发展两国贸易问题。11月11日，波兰留驻南京的临时代办毕罗奇向南京军管会外侨事务处递交了有关此事的函件，通知说代表团由波外贸部代表斯特劳农率领，成员4人为各

1950 年 6 月 12 日，波兰首任驻华大使布尔金（左 3）向毛泽东主席递交国书后，宾主合影留念。（供图：FOTOE）

贸易公司代表。波代表团乘火车于 1949 年最后一天抵达中国边境站满洲里，中方派外交部条法司专家邵天任前往迎接并陪同到京。代表团随身携带轻工产品、食品及重工机器 48 箱。中波双方商务代表除就贸易协定进行初步协商外，于 1950 年 1 月签订以货易货贸易议定书及相关合同。虽非正式协定，但从时间上看，这两份文件成为新中国同外国签订的第一个关于贸易合作的协议。

（三）1950 年 8 月，波兰大使拜会周恩来总理，提出两国建立合营公司的建议。中方研究后表示同意。同年 10 月，波兰政府派以航运部副部长毕尔斯基为首的商务代表团来华，与中方就贸易协定、航运合作、邮电合作进行商谈。关于航运合作的谈判，中方代表团团长是交通

1955 年底，中共中央书记处书记、国家副主席朱德率代表团出访苏联、东欧国家。代表团于1956 年 1 月抵达波兰。图为朱德副主席在华沙火车站的群众欢迎仪式上发表讲话。左 2 为波兰国务委员会主席萨瓦茨基，左 1 为翻译骆亦粟。

部副部长李运昌。1951 年 1 月 29 日，《中华人民共和国与波兰共和国关于组建合营轮船公司的协定》在京签字。这是新中国与外国签订的第一个关于海运合作的协定。同年 6 月，"中波轮船股份公司"正式成立，总公司设在天津（后迁上海），分公司设在波兰港口城市格丁尼亚。中波轮船公司的成立和中国至欧洲航线的开辟，对打破以美国为首的西方国家对新中国的封锁禁运起了重要作用。这家合资合营企业历经沧桑而不衰，公司业务范围和实力不断扩大，成为新中国对外合资合营企业的元老和寿星。

（四）中波海运合作谈判开始前，中国邮电部长朱学范率团赴华沙，就两国邮电通信问题与波方商谈，迅速达成协议。根据周恩来总理建议，

《中华人民共和国邮电部与波兰共和国邮电部电信协定》及《互换邮件及包裹协定》与海运合作协定在北京同时签字。这两个文件是新中国与外国在邮电领域最早签订的正式协定。

（五）1949年11月15日，周恩来外长致电联合国秘书长赖伊和联大主席罗慕格，强调只有中华人民共和国政府是代表中国人民的唯一合法政府，要求立即取消台湾当局代表继续留在联合国的一切权利。苏联及各社会主义国家代表都表示支持中国的立场和要求，但赖伊表示中国政府的电报"只能列在非政府组织和非会员国的表册中备案"。波兰常驻联合国代表维布洛夫斯基提出抗议，坚决要求把周恩来来电列为联合国正式文件并散发给所有会员国。经过波兰及各社会主义国家代表的共同努力，赖伊被迫接受了波兰代表的要求。这是社会主义国家在联合国维护中国合法权利斗争取得的第一个具体胜利。

（六）1954年7月，关于朝鲜问题和恢复印度支那和平问题的日内瓦会议结束后，波兰政府邀请周总理回国途中顺访。访问期间，波国务委员会通过决议，授予周恩来一级"波兰复兴勋章"，以表示波中两国之间的"兄弟友谊"，表彰他对维护世界和平的贡献，并报答他促进中波两国人民之间全面合作的"真诚友谊和功劳"。授勋仪式在华沙各界欢迎周总理的群众大会上举行，周总理致辞表示感谢。这是周总理接受的第一枚外国颁发的勋章，波兰成为新中国成立后第一个为中国领导人授勋的国家。

（七）中波轮船公司成立初期，中方个别负责干部有大国主义表现，为此，有关部门高度重视，中央领导亲自过问。1953年5月，毛主席约见波驻华大使基里洛克，说：中波公司的负责人××和波兰同志合作得不好，这个人缺乏国际主义思想，我们决定把他撤职，换一个同志代替他。此事请向贝鲁特总统解释。事过三年，波兰执政的统一工人党书记奥哈布率代表团来华出席中共八大，毛主席在会见奥哈布时说：我

1957年4月，波兰部长会议主席西伦凯维茨（前排左）率政府代表团来华访问，毛泽东主席在中南海勤政殿会见代表团。第三排左为中国驻波兰大使王炳南，第二排中为翻译骆亦粟。

们曾做了一件对不起你们的事，过去中波海运公司的中国同志有大国主义表现，我们已经把他撤职了。奥哈布表示：可能波方有些人目光短浅，看问题不全面。波大使补充说：我方经理××也很不好，被撤职了。毛泽东说：关于中波公司问题，是我方有缺点。这大概是建国后毛泽东第一次亲自向外国领导人承认中方有错误并表示歉意。

（八）1964年4月，中国常驻巴西的九名商务和新闻工作人员遭巴西军政府无理逮捕监禁。那时中巴尚未建交，我政府部门及家属与受困人员联系缺乏渠道，遇到困难。尽管当时中波两国关系因共运意识形态分歧趋于冷淡，波政府还是主动伸出援助之手，通过外交部约见我驻波兰大使馆代办，表示波在巴西设有大使馆，愿为中国提供帮助。根据中方要求，波外交部不断及时向中方通报被捕人员情况及巴西政府动向，对被扣人员家属去巴西探视亲人提供通信方便和生活照料。"九人事件"发生后，许多国家政界、司法界、新闻界的团体和知名人士纷纷发表声明或谈话，声援受迫害的中国公民。但由政府出面，主动提供具体帮助，波兰是唯一的。为此，陈毅外长曾写信给波兰外长拉帕茨基，对波兰政府的帮助表示感谢。

（九）1958 年 5 月，波兰成立波中友好协会，这在东欧国家中是第一个。理事会主席是波兰统一工人党政治局委员、国家计划委员会主席英德里霍夫斯基，参政的农民党、民主党负责人任副主席。理事会由 46 人组成，包括统一工人党中央委员 6 人，其中两人系政治局委员；政府部长、副部长 14 人；其他为工会、青年组织、妇女联合会等群众团体负责人和社会知名人士。除总会外，全国 17 个省同时成立分会。初期即拥有会员 30 万人，遍布全国各大中城市。波中友协成立时间之早、阵容之强大、理事会代表性之广泛、各界人士参加之踊跃，在当时各国同中国友好的群众组织中堪称第一。

（十）1980 年 8 月，波兰政府宣布提高肉类产品价格，引发了全国的罢工浪潮。鉴于波兰国内市场供应紧张，肉类奇缺，中国政府于 1981 年 8 月主动提出以实物无息贷款方式向波兰提供猪肉 5 万吨，以应急需。波政府"愉快地"接受了中方建议。双方商定中国在 1981—1982 年两年内完成供货。当时，中国货源并不充裕，但经过有关部门和省份的努力，提前半年完成了交货。中国的做法受到波兰官方及群众的赞赏。中国对波兰的无私援助在当时是独一无二的。

在中波关系史上，除了上述十个"第一"外，我记得还有七段佳话：

（一）60 多年前，波兰执政党即预见到中国将引领世界。1955 年 5 月，苏联及东欧七个社会主义国家在华沙举行华沙条约组织成立大会，中国国防部长彭德怀应邀作为观察员出席，代表中国政府两次发表声明表示支持华约组织。会后，他留波参观访问四天。波兰统一工人党第一书记贝鲁特在其郊区别墅与彭总会见并设宴招待。交谈中，彭总谈到我们国家还很落后，贝鲁特听后说：中国具有古老的文化，曾经引领过其他国家，我想不久之后她将重新居于各国之首。这不仅仅是贝鲁特一人的见解。1960年5月，在王炳南大使为中共代表团访波举行的宴会上，波兰统一工人党第一书记奥哈布在听了中共中央政治局候补委员薄一波关于中国国内情况的介绍后说，我们相信中国同志最了解本国情况，相信中共采取的方法和形式最适合中国的条件。他认为，美国将落在后面成为世界第三，这是肯定的。谁将排第一位还不能肯定，可能是苏联，也可能是中国。这与五年前贝鲁特的看法大同小异。波兰人的预见能力令人惊讶。

（二）1956年10月，波兰执政党统一工人党举行二届八中全会，讨论改组政治局，选举前工人党领袖、因提出"走向社会主义的波兰道路"被罢黜后遭监禁的哥穆尔卡重返领导岗位，实行新的路线和政策。苏联对此表示反对，以赫鲁晓夫为首的苏共代表团赴波强行干涉，准备动用武力解决问题，双方剑拔弩张。中国领导人果断决策，支持波党纠正错误、实行"革新"，明确表示反对苏联动用武力。中方一方面劝说苏联承认波党新领导并与之合作，另一方面劝说波兰与苏联搞好关系。中方的努力推动了波苏两国和解。这是一次非常成功的外交实践，是新中国外交史上应该浓墨重彩书写的篇章。

（三）周恩来总理中断南亚访问行程，急赴波兰访问。1956年12月，正在南亚进行访问的周恩来突接国内中央来电，告知波兰将于1957年1月20日进行议会大选，波领导人担心统一工人党有得不到多数的危险，希望中国领导人在大选前去一次波兰。中央认为，周总理去一次是有必要的，就此征求周总理的意见。周总理复电表示同意，决定改变行程。

1957 年 1 月，周恩来总理率中国政府代表团访问波兰，抵达华沙当天礼节性拜会波兰党政领导人。图中左起：波兰国务委员会主席萨瓦茨基、周恩来总理、翻译骆亦粟、波兰统一工人党第一书记哥穆尔卡、贺龙副总理、波兰部长会议主席西伦凯维茨。

他于 1 月 7 日率政府代表团启程，在莫斯科停留三天，与苏联领导人会谈后赴华沙。在为期五天的访问中，周总理与波领导人频繁接触，双方正式会谈四次。周总理还与哥穆尔卡单独交谈两次，并在四大城市的群众集会上发表演说。访问结束时，以两国政府名义发表《联合声明》。1 月 20 日，波兰举行议会选举，统一工人党实现预期目标，国内局势趋于稳定。

（四）1957 年周总理访问波兰期间，曾两次去哥穆尔卡家进行单独交谈，亲眼看到他住的是一般职工公寓房，只有不大的三间，饭厅兼做客厅，接待宾客就在这间屋里。哥穆尔卡的夫人亲自煮咖啡，并送到桌上。住宅周围也没有警卫人员。11 日晚，交谈结束后，在公寓楼门

1959 年 9 月，国家主席刘少奇、副主席宋庆龄等欢迎波兰国务委员会主席萨瓦茨基率党政代表团来华参加新中国成立十周年庆典。右 2 为翻译骆亦粟。

口告别时，周总理曾问哥穆尔卡安全情况怎么样。哥穆尔卡说，和工人住在一起，没有问题，出去散步也是一个人，有时夫人陪着。中国前驻苏联大使刘晓在他的回忆录中提到，周总理在莫斯科曾"感慨地"对他讲了哥穆尔卡的简朴生活。1957 年 4 月，我因公回国，听说乔冠华在外交部作报告时也谈到这个情况，可见总理对此事的感慨和印象之深。

（五）1957 年 11 月，64 国共产党、工人党在莫斯科举行会议。期间，毛泽东与以哥穆尔卡为首的波党代表团举行了三次长时间会谈，讨论涉及的问题非常广泛。双方有许多共同的思想观点，也有某些不同意见。哥穆尔卡坦率直言，有时甚至反驳毛泽东。例如：在第二次会谈中，毛泽东提出希望波兰粮食、棉花自给自足，不要依靠外国。哥穆尔卡说：我担心毛泽东同志不熟悉我国情况。他介绍了波兰的气候等条件后，毛泽东说：是我犯了主观主义错误了。毛泽东谈到，15年后苏联超过美国、中国超过英国，事情就好办了。哥穆尔卡说：苏联超过美国，这点我相信，但中国15年后能否超过英国，很难说。后来，他又以提意见的口气说：我觉得毛泽东同志对于资本主义国家在科学技术方面的能力可能估计不足。毛泽东毫不介意，相反，在第三次会谈结束时他表示，今天谈得很有兴致，我们的心是相通的，互不损害，互相支持。11月12日，毛主席在大会上发言，开头就说："我对哥穆尔卡昨天的演说感到高兴。"在讲到波苏关系问题时，他说："我相信哥穆尔卡是好人。"

（六）新中国成立后，由于工作需要，十大元帅都曾身穿军装或换上西装，或在国内接待外国贵宾，或挂帅党政、军事代表团出访外国。就中波关系而言，朱德分别以中华人民共和国代表团、中国共产党代表团团长的名义三次访问波兰；彭德怀、贺龙各两次；叶剑英、陈毅、聂荣臻各一次。我曾先后为他们担任翻译，由于篇幅局限，现只谈谈陈毅元帅的文人情怀。

1954年10月，陈毅作为国务院常务副总理，率政府代表团赴德意志民主共和国参加国庆五周年庆典。波兰政府得悉后，临时提出邀代表团顺道来波参观访问。经国内批准，陈毅于10月20—25日对波进行友好访问。在各地参观时，他时常触景生情，发表感想和评论。华沙有一座军事博物馆，通过陈列品及文字解说介绍波兰建国1000多年来的战争史，主要是反抗外来侵略的历史及兵器发展史。陈老总参观后对我说："咱们国家还没有这样的博物馆。"似乎颇有感触。1955年，彭德怀元帅也曾参观过这个博物馆并表示赞赏。叶剑英元帅1958年访波时也参观了这个博物馆。到1959年我国国庆十周年之际，北京也建立了军事博物馆，成为有名的"十大建筑"之一。陈毅同志还曾参观肖邦故居，在这位著名的爱国音乐家出生和生活过的建筑物周围是个大花园，种着世界各国音乐家和音乐爱好者送来的各地特有的树木花草。参观那

1954 年 10 月，陈毅副总理参加德意志民主共和国成立五周年庆典后，应波兰政府邀请顺访波兰，参观华沙老城。左 1 为华沙老城建设总工程师；左 3 为翻译骆亦粟。

天，秋高气爽，游人们静静地坐在花园的长椅上，聚精会神地聆听故居内传出的当代音乐家演奏的肖邦乐曲。阳光和煦，万籁俱寂，耳畔只有悠扬的琴声。陪同人员介绍，这样的演奏会每年春夏秋三季的星期日都按时举行，已经好几年了，音乐家都是义务演奏。陈老总看到这种情景，感慨地说："波兰人真会享受生活！"随后，他写了《华沙肖邦故居》一诗，后被收在 1978 年出版的《陈毅诗稿》中。

（七）两国执政党互派代表团赴对方考察学习。新中国成立后，党和国家领导人除重视学习苏联外，对东欧社会主义建设的经验教训也很关注。1954 年，波党第一书记贝鲁特来华，毛主席会见时曾说：我们制定宪法的时候，也参考了波兰的宪法（波兰是欧洲第一个拥有宪法的国家）。周总理会见波总理时曾说："我们的《十大关系》也是从兄弟国家吸取教训后提出的。"对来华访问的波兰代表团，主席、总理经常询问具体情况，如城市化问题等。毛主席不止一次表示想到波兰看看。1956 年波兰"十月事件"后，双方更加重视了解学习对方，各领域交往增多。1958 年 5 月，波兰统一工人党派政治局委员莫拉夫斯基率中央委员会代表团来华调研考察"中国社会主义建设的经验"。在中国的四周时间里，代表团行程涉及八省。毛泽东会见代表团并进行了长时间真诚的交谈。他强调，"我们对经济建设还没有经验"，并说自己是教小学的，干经济工作要重新学习。莫拉夫斯基谈到，中国的许多经验可以运用于波兰，主席强调仅供参考，我们也要派个代表团去你们那里访问，要有计划地进行研究而不是走过场。1960 年，中共派代表团去波兰考察访问。波兰各级领导人都一再表示，我们对中国代表团无任何保留，想看什么就看什么。代表团参观访问了六个省，所到之处都受到热情的接待。哥穆尔卡会见代表团时，中方表示：波兰有很多东西值得我们学习。毛主席不止一次说过，必须考虑波兰的具体情况，波兰党是经受过锻炼的。

文稿完成，感觉言犹未尽。我是 1985 年离开波兰的，时隔多年，仍怀念着这个国家、这个国家的人民，特别是老朋友们。在两国建交70 周年之际，我在友好城市北京，再次祝愿波兰国家昌盛、人民幸福，中波友谊常存！

我认识中国的路径

克日什托夫·加夫利科夫斯基（波兰华沙人文大学东亚文明研究中心主任）

常有各种各样的人问我：是什么让您对中国产生兴趣并开始研究中国文化的呢？如果有人严肃地提出这个问题，我就尝试秉着"真理多样性"的精神，用中文来回答这个问题。

很小的时候，我就喜欢中国音乐，喜欢 1949 年中华人民共和国成立后波兰广播电台中经常播放的中国音乐——当时没有其他途径收听中国音乐。我妈妈回忆说，当时还是个小孩子的我，就要求她在广播里播放中国音乐时一定要把正在院子里玩耍的我叫回来。听的时候，我双臂抱膝坐在地板上，歪着头、闭着眼，把注意力完全集中在中国音乐上，甚至可以说是沉浸其中。

圣诞节对波兰人来说是最重要的节日。平安夜，全家欢聚一堂，孩子们通常会在圣诞晚宴上进行"表演"：朗诵小诗、唱歌，表演个小把戏。我在这种场合"用中文"唱过中国歌曲，旋律是从广播里学到的，但歌词就是模仿广播里的发音草草地编出来的了。当时大概在上小学三四年级的我，还津津有味地画了些"中国画"，画里有菊花和妇人，这些都是按照不知从哪里找来的画临摹的。我当时很想学写汉字，但手头什么学习材料都没有。小学毕业时，我就已经读完了能在周边图书馆和我父母的朋友家找到的所有关于中国的书籍，其中甚至有 19 世纪出版的书籍。

上大学时，我看到学校里有中国留学生学习波兰语，就立刻找到他们，并很快与他们结下了友谊。我至今对其中一位来自南京的男同学仍心怀感激。我们曾同住一间宿舍，他教我写汉字、做中餐，还有用筷子吃饭，是我的良师益友。而在中文系，我终于能够学中文了。我们当时的中文老师是一位来自湖南省的中国女教师，她一会儿说普通话，一会儿说湖南话，给我们的学习造成了很大的麻烦。但她人非常好，还为我起了一个中国名字——石施道。这个名字的含义和发音都与克日什托夫（Krzysztof）有些相近，因为中国人听我的名字时会听到很多"shi"的发音。基督教名字克日什托夫来源于拉丁语名克里斯托菲罗（Christofero），即"支持基督"，而隐喻义则是为人们带来真理、善和福音，中文可以解释成"施行'道'"。姓氏"石"则是我自己选的，因为我想"如磐石般"坚持自己的追求。

虽然波中关系曾有过比较困难的阶段，甚至一度使两国的交流和科研合作变得复杂，但我从未后悔决定学习中国文化。值得庆幸的是，这些问题在很久以前就已随着欧洲、中国和国际政治的变化而消失了。

随着北京和莫斯科之间的争端日益尖锐，当时我们的领导人限制了波兰和中国的所有联系。1964 年春，两国在多年后第一次也是最后一次签署科学和文化合作协议，协议中也包含互换留学生的内容。18 位中国人将到波兰学习波兰语，而我则是唯一一位申请去中国的学生，因为我国政府不敢选派其他学生，或许是担心他们会在那里沾染"毛泽东思想"，而且两国间合作日益减少，国家认为不再需要汉学家了。他们接受了我的申请，因为华沙大学的十多位知名教授都支持我争取出国，此外，我在大学里参加了很多活动，还拿到了社会主义青年联盟——波兰主要的青年和学生组织——的政审推荐信。当时，我在心理学专业读完了大四，同时在中文系读完了大三。那时没有任何自费前往中国的可能性，对我这样一名大学生而言，这实际上是最后一次去中国的机会了，因为不久之后"文化大革命"便会把中国和世界的联系切断多年。而在那以后，中国也发生了巨变。因此，我还曾有幸见到过去的中国所留下的影子，并且能够感受它的氛围。

我记得第一次到达中国是 1964 年 9 月 30 日。我先到北京语言学院上学，后来又在北京大学研究历史、中文和民族学。虽然在语言学院外国人通常单独住宿，但我是和中国学生住在一起的，我的同屋是一位来自山东的优秀小伙。从那时起，这个省份——孔子、孟子和孙子的故乡——对我来说就变得格外亲切。在北京大学，我也有很多同学，我常常和他们探讨中国历史。

我是坐火车穿过西伯利亚和蒙古到北京的，所以途中能够仔细看一看将欧洲和中国分开的空间：旷野、西伯利亚的大江大河和无边无际的森林、无比美丽的贝加尔湖，接着又是蒙古一望无际的草原，那里有罕见的蒙古包和成群结队的牛羊。当列车终于停靠在中国的边境小站时，那里已经是晚上了。青翠的树木就如同波兰夏天时一样，其中有我熟悉的柳树、白杨，以及盛开的大丽菊、美人蕉、金鱼草、紫菀和万寿菊。我十分激动，因为在读了那么多年关于中国的书，心心念念那么久之后，我终于踏上了中国的土地。而紧接着就是第一件让我惊讶的事情：当时的中国比波兰要暖和，但植物几乎和我们那儿一样，唯一的不同就是波兰已经没有了的蝉鸣。到处都挂着彩色的灯笼和五颜六色的旗子，这让我有一种奇怪的感觉，觉得回到了和我们的世界一样的地方，虽然有点不同——人口密集、代代相承。欧亚大陆中心地带荒芜的无人之地已经远在我们身后了。

列车在中国北方又行驶了一个昼夜。令我感到震撼的是，所有东西都是黄黑色的：土地、房子和黄土筑成的农家的矮墙、地上脏兮兮的孩子（常常光着小屁股）、变干的玉米和田地里正在成熟的高粱——它们有玉米那么高，只是上面结的是栗色的谷物。就连路边修剪得奇形怪状的小树也是黄绿色的，蓝天也像是被泛黄的雾给遮住了一样。可见，中国古代的"五行"体系中将黄色视为中原的颜色并非偶然。

　　我特意把行程规划为 10 月 1 日前夕到达充满国庆氛围的中国。因为当时我已经意识到，所有旅程中我们记忆最深刻的就是抵达和离开的那几天，而旅程中间发生的事情就容易搞混，细节也会很快被遗忘。

　　黄昏时，火车缓缓驶入城墙之内的北京站。我被从车站接到了北京语言学院。为了让我吃点东西，学校专门为我打开了已经关门的食堂。安顿下来以后，我就开始在学生宿舍里到处看看。我和引吭高歌的古巴人打了招呼，他们在敞开的房门旁边玩耍。初步熟悉了新的环境后，在火车上颠簸了一个星期的我，洗完澡就半无意识地躺倒在了床上。

　　第二天早上，我们在早餐之后便乘公交车去了天安门，我被安排在外宾用的观礼台上。这天，我第一次也是最后一次远远地看到了站在天安门城楼上的毛泽东，也看到了其他中国领导人。后来，我也曾在各种场合近距离看到过一些领导人。当然，我在波兰就见过各类群众游行，但在北京看到的景象可谓声势浩大。能容纳上百万人的天安门广场上人山人海，让人目瞪口呆。而数小时内，我们面前十分宽阔的长安街上满满地涌过了举着红色标语、彩色小旗和各种各样展板的人流。第二天我了解到，当时有 250 万人参加游行，而我还以为有 1000 万人呢！之前我从来没有一下子见到 100 万人，甚至没有想象过 100 万能有多少。

　　下午，我们疲惫不堪地坐着公交车回到了学校。但晚上，我们又坐车来到天安门广场，直接在广场上的不同地方观看各种表演。随后的烟花（这正是中国的发明）燃放持续了半个小时，展现出了令人难以置信的美丽——之前我在波兰从未见过类似的东西。我完全陶醉于绚丽的烟花、响亮的中国音乐和歌声，以及那些欣喜若狂的人群之中。我一辈子都未曾见过那天那么多人。在中国住上一阵子之后，你才能理解中国人常常抱怨的"我们人太多了"。其实，不只是在中国，整个东亚众多的人口和拥挤不堪的生活都会把西方人吓到。

　　那时，北京的外国人不多，只有一些留学生和外国专家，根本没有游客。留学生除了我已经提到的古巴人，还有相当大的一批朝鲜人和越南人，也有日本人，有第一批到中国学习艺术类专业的缅甸人，以及1965年第一批来华的法国人。此外，还有几个来自欧洲其他国家和非洲的人。整个学院的外国人可能刚刚过百。因为西方国家仍在抵制中华人民共和国，中国人把我们这些欧洲、亚洲、非洲和拉丁美洲的留学生当作"尊贵的外宾"对待。在北京市区，人们最多是盯着"外国白人"看，但一到了北京周边的农村，当我骑着自行车穿过那些小村落时，成群结队的孩子不但追着我喊"洋鬼子来了"，还叫道："大鼻子！大鼻子！"我知道他们以前一直这样叫西方人，而今对我们的正式称呼则是"外国朋友"。

我有幸能够看到仍旧比较传统的中国。我们先从最理所当然的事说起。当时的老北京仍像古代一样被城门包围着。"剥开"北京城是直到1965年才开始的，如今这座城市不但没有了城墙，连仅存的几座城门也失去了原本的功用。在原本沉睡的大都市、灰色的平房和狭窄的胡同之上，升起了一座像东京和洛杉矶一样有成千上万座大厦、汽车拥堵着的宽阔街道、高速公路和无处不在的广告的现代大都市。现在，每当翻看那怀旧的相册里展现的胡同之美和雕梁画栋的老照片时，我还能记起当时那里的生活条件：一家人住一间房，一间房紧挨着另一间，几十个人共用一个几平方米的小院子，院子里有一些盆栽，甚至旧罐头瓶里也种了植物，那里脏乱得令人震惊，只有十字街口才有水龙头。带便坑的公共厕所更是几条巷子里才有一个，而走到这种厕所甚至都很不容易，因为小巷子里脏污满地。现在，老胡同都已经完全变了样。上世纪60年代的北京，人们通常都穿带补丁的棉料衣服，有时还补丁摞补丁，连原始材料的痕迹都没有留下。但是，所有的衣服总是干干净净、熨烫整齐。我的中国同学们都有两条夏天穿的藏蓝色长裤、两件衬衣、藏蓝色的外套、冬天的棉衣，虽然所有衣服都打了补丁，他们还是认为自己"衣冠楚楚"。当时，布料要用布票来买，而且分配的份额非常少，人们吃得也不好。

我第一次到中国时，长安街上的高层建筑还屈指可数，我还曾见到过从中亚某国来的骆驼拉大篷车进入市区。当时常用的交通工具就是牛、骡子和驴拉的两轮车，但各种货物经常还是用人力车拉的，他们甚至要拉电线杆这样的巨型货物！路上行驶的高官和外交使团的汽车也屈指可数，卡车在市区里几乎从来没见过，大街小巷都满是自行车。现在，人力车只是供游客乘坐的，主要用来吸引外国游客。而当年，在重要地点的大门口，总有几十辆载客和拉货的人力车等在那儿，因为那时乘坐出租车还很奢侈，而且出租车实际上只有少数外国人可以乘坐。如今，汽车拥堵到让人窒息的现代大都市里没有了人力车和家畜的一席之地。50年间，北京的居民从150万人增长到了2000万人，这座城市也通过高速公路、高铁和飞机以及网络和电子通信与全国各地和开放的整个世界连接在一起。中国也和全世界共同开拓了一个完全不同的时代。

与之相比，东欧的原社会主义国家发生的经济社会变化要小得多。华沙的很多街道和市中心看起来和以前相似，只不过是多了些广告。很多有轨电车仍然在和60年前我读大学时一样的线路上运行着，沿途时不时会在某个地方看到新建筑，更常见的是装点一新的店铺和穿着更好的市民。要知道，50年前我们这里就已经有私家车，家家有电话，接上甚至有私营商店，虽然这样的商店很少，而且很小很小。如今的波兰变得现代化了一些，但是30年前离开的人在走过那些相同的街道和大致不变的房子时，仍能毫不费力地认出几乎所有地方。

中国的变化之大，从各方面来说都是别人完全无法比拟的。这完全是一个拥有和过去不同的国民、正在极速发展的新的国家。从1977年到八九十年代，我曾多次到中国，有幸观察这个正处在急剧变化中的国度。举一个例子：有一次我到北京出差几天，和人民大学的朋友们约在市郊见面，让他们在大门口等我。出租车把我送到了地方，但我看到的不是过去旁边都是小售货亭和单层小餐厅的校门，而是一个到处都是大酒店、银行和办公楼的地方。我茫然地跟司机解释他应该把我送到哪里，直到他指着那个被隐藏在了巨大的新大楼中间的大门给我看，我才恍然大悟。我一年前才去过那里，而且当时完全没有要施工的迹象，可现在甚至连脚手架的痕迹都看不见！在欧洲，没有人能这么快地建起一座建筑。而在中国，不只是在大城市，在小县城甚至农村，几乎整个国家都按照跟以前不同的标准和现代样式重新建设起来。这些都还只是表面现象，背后隐藏的社会和人民生活的变化可能更大。

第一次中国之旅在很大程度上让我确立了自己的兴趣和研究领域。在中国上学期间，我进行了有关中国人对因果关系的理解的研究。事实证明，波兰人和其他欧洲人倾向于主要考虑引起特定后果的孤立的直接原因，而中国人更注重接连发生的一件又一件事，注重整个带有各种条件和原因的因果链，以及在变化着的条件中人们不断学习、吸取教训的因素。我就靠这篇研究论文获得了硕士学位，后来，这篇论文还被公开发表了。由于种种原因，我后来没能在北京继续这类研究，但我很快就确定，思维方式是和某些行为模式相关的，而《孙子兵法》最为详尽地分析论述了中国人的有效行为模式。从此，我开始研究兵家，还研究中国军事文化、中国人对战争的态度——爱好和平与和谐等，还有中华文明和西方文明之间的其他差异。除此之外，我当然也在努力理解并向波兰人和其他欧洲人解释当代中国正在发生的变化。

我于 1966 年 8 月底结束在中国的学业。当时"文化大革命"已经开始，我带着悲伤甚至惊恐见证了它的开端。我的朋友们都走了，我甚至没有办法和他们道别。我到田地里散步，有一位农民在小路上骑着自行车，后面驮着几岁大的女儿。他一边骑着车，一边全神贯注地高声唱着歌。这幅画面留在我记忆里好多年——身边是一片政治混乱，而一个人却能够不顾身边发生的一切，和家人一起享受生活。我想，这可能就是中国人不同寻常的天赋之一吧。

几次难忘的经历

高佩玉 （中国前驻波兰使馆参赞）

1952 年底，我被选派去波兰留学，学成后就留在我国驻波兰大使馆工作。从此，我的一生就与波兰结下了不解之缘。在 40 年的岁月中，我有约一半时间是在波兰度过的，那里有我的事业，也有我的朋友。

像中国外交界的其他许多同志一样，我的外交生涯也是从当翻译开始的。由于当时懂波兰语的干部较少，我曾有幸为几位国家领导人担任过翻译，亲眼见到他们是怎样与外国人交谈，怎样进行工作的。在我多年的翻译工作中，给毛主席和周总理当翻译的那几次经历给我留下的印象最深。

1957 年 11 月中旬，毛主席率领党政代表团访问苏联，参加十月革命 40 周年庆典并出席社会主义国家共产党和工人党代表会议及 64 国共产党和工人党代表会议。当时，波兰统一工人党新上任的第一书记哥穆尔卡的有些做法令苏联不满，被指责为修正主义者。驻波兰使馆派我去莫斯科，以备毛主席和哥穆尔卡会见时当翻译。十月革命 40 周年庆典大会开始前，在大会主席台的后台，我见到了毛主席。主席握住我的手，亲切地问我的姓名、是哪里人等。他的手又大又温暖，我终生难忘。以前，我只是在天安门前的游行队伍中远远地见到主席台上的毛主席，现在能这么近地见到他，并同他握手，真是感到无比的激动和幸福。

几天后，中波两党领导人会见，我担任翻译，又见到了毛主席。由于我对主席的湖南口音不习惯，有时听不大清。我记得当毛主席提到"纸老虎"时，我没听清楚，主席就用英文说"paper tiger"，对方就理解了。过了两天，毛主席率代表团的主要成员去波兰党代表团的住处进行了回访。这两次会见，毛主席都是在做波兰党的工作，规劝以哥穆尔卡为首的波党新领导搞好与苏共的关系，以社会主义阵营的团结为重。

在这之后，我还有幸旁听了社会主义国家共产党和工人党代表会议（我担任记录），听到了毛主席关于"一个好汉也要三个帮，一个篱笆也要三个桩""红花虽好，也要绿叶扶持"等著名论述。当时，哥穆尔卡在会上受到有些党的攻击，在他较为孤立的情况下，毛主席支持了他，并一再劝说参会各方"同志之间有隔阂要通过谈判解决"。毛主席的发言对缓和会场气氛、加强社会主义阵营各国党之间的团结起了很好的作用。

说起来，我给周总理当翻译要多一些，也更早一些。第一次是在1954年，当时周总理开完日内瓦会议后，于7月26日率党政代表团对波兰进行正式友好访问。尽管随团有水平很高的俄语翻译，但为了表示尊重对方国家，在一些公开场合，我们还是尽量用波兰语翻译。当时，我只学了一年多波兰语，心里完全没底，心理紧张是可想而知的。周总理看出了这点，一方面鼓励我要大胆地翻、要沉着，另一方面很仔细地听我的表达。由于总理的外语基础好，理解力强，所以有些话尽管我翻得不完善，他也懂了。记得有一次谈话中提到"变压器"这个词，我不知道波兰语怎么说，卡了壳，总理就用英文的"transformator"提示，对方很快就理解了。由于总理的这种鼓励和帮助，我紧张的心情逐步缓和，从而能将自己所学的东西较好地发挥出来，基本上保证了双方交谈的进行。

由于初次给国家领导人当翻译，生怕听不清或听漏了，所以在招待会上我不敢吃东西。总理注意到了，便说你吃一点东西吧，否则会饿的。

在以后几次宴会上，他也很照顾翻译吃饭，有时说话停一停，以便让翻译把嘴里的食物嚼烂了吞下去。如果桌上有两个翻译，他就建议两人轮流翻，以便都能吃一点东西。

当翻译的都希望说话双方能用简短的句子，能有停顿，不要说得太长，因为那样往往不容易记全。周总理说话就很注意停顿，他在与外宾交谈时，往往说几句就停一下，以便进行翻译。

我永远不会忘记波方为周总理访波在部长会议大厦宴会厅举行的那次盛大招待会。招待会开始之前，厅里早已挤满了人，他们是波兰的党政负责人、一些国家的使节，以及各界的代表。人们都想一睹周总理的风采，因为周总理是知名人物，他此访又是我国领导人第一次来波兰访问。时间一到，在宴会厅后方的阳台上，小乐队奏起了中波两国国歌，人们看到周总理在波兰党政最高领导人贝鲁特、萨瓦茨基、西伦凯维茨等的陪同下站在宴会厅入口处。音乐停止后，大家热烈鼓掌欢迎。周总理缓缓地走进来，与使节和部长们一一握手。在场的人都很兴奋，我更是无比激动。我感到这是中波两国关系史上的一个重要时刻，更是我一生中难忘的时刻。波兰统一工人党第一书记贝鲁特和周总理先后发表了祝酒词。之后，周总理便拿着酒杯到各处与人们交谈。他落落大方和平易近人的风度，文雅而无拘束的谈吐，真令人折服。他像磁铁一样吸引着人们，赢得了大家的赞赏。招待会之后举行了舞会，许多女士都愿与周总理一起跳舞，他总是很大方地邀请不同的女士翩翩起舞，整个招待会的气氛十分融洽友好。

为欢迎周总理访问，波方还组织了群众大会。双方正式讲话后，由波兰著名的"马佐夫舍"民间歌舞团表演节目。该歌舞团刚于1953年访问过中国，学了两首中文歌。当他们用中文演唱《东方红》时，坐在离舞台不远处包厢里的周总理情不自禁地一边点头，一边用手掌合着拍子轻击座前的木板，并轻声哼了起来。这个很小的动作没有逃过下面观

1954 年 7 月，周恩来总理访问波兰，在华沙机场与波兰统一工人党第一书记贝鲁特（前排右4）、国务委员会主席萨瓦茨基（前排右3）交谈。周总理右手是翻译高佩玉。

众的眼睛。渐渐地，一个个观众转过头来，微笑着望着周总理。台上的演员们也注意到了总理的反应，他们唱得更有劲了，台上台下融成了一片。

1956 年 10 月，东欧发生了震惊世界的波匈事件，国际形势变得十分复杂。波兰国内局势动荡不安，新上台的以哥穆尔卡为首的波党领导处境艰难。1957 年 1 月，波兰要举行议会大选，各种政治势力争夺议会席位的斗争异常激烈，执政的统一工人党有失去议会多数的危险。为此，波党新领导急切要求我党派高级领导人去访问，以表示对其支持。1957 年 1 月中旬，党中央决定派周总理率党政代表团对苏联、波兰和匈牙利进行访问。

当时，1956 年"十月事件"的余波尚未完全平息，波苏之间的关系比较紧张。为了维护社会主义国家间的团结，周总理与波兰党的领导人进行了多次会谈，对波党的基本路线加以肯定，表示支持以哥穆尔卡为首的新领导。除了两国代表团的集体会谈外，周总理还曾两次去哥穆尔卡家与他单独会谈。总理亲自登门拜访和他的真诚态度收到了良好的效果。

哥穆尔卡曾因党内路线斗争于1951年被捕，坐过一段时期的牢。他在1956年10月当选为波兰统一工人党第一书记后，没有搬家，仍住在原来的一套很普通的单元房里，室内的布置很简单，房间也不宽敞。那条街也是华沙最普通的一条安静的小街，街上看不到什么警卫。他的夫人亲自端咖啡招待客人。哥穆尔卡在谈话中不止一次地抽烟，他把一根烟分成两三节，每次就抽一节。周总理注意到了这点，问他为什么要这样抽烟。他说这是在监狱中养成的习惯，为了节约烟卷。这件事给总理留下了很深的印象，后来他不止一次向代表团的同志谈到这件事。

当时，波兰国内纷传，由于中国党的坚决反对，制止了1956年"十月事件"时苏联对波兰进行武装干涉的企图，使波兰避免了匈牙利那样的流血事件。因此，中国共产党、毛主席和周总理在波兰的威信很高，周总理所到之处受到了极其热烈的欢迎。记得总理到达波兰西部重镇弗罗茨瓦夫时，自发来欢迎的群众把火车站挤得水泄不通。总理一下火车，人们就把他团团围住，有的向他献花，有的向他表达感激之情，场面十分热烈动人，却把双方的保卫人员弄得十分紧张，好不容易才从人群中开出了一条路，让总理和代表团通过。

波方安排周总理到弗罗茨瓦夫市访问，是希望总理支持波兰的西部边界，因为第二次世界大战结束后，西德有一部分人始终不承认波兰与德意志民主共和国以条约形式确定的边界，即以奥德河—尼斯河为线的波德边界，声称波兰的西部地区是属于德国的。波兰国内一有风吹草动，这些人便蠢蠢欲动。在该市体育馆举行的群众大会上发表讲话时，周总理提到了波兰西部边界："以奥德河—尼斯河为线的波兰西部边界是和平的边界、友谊的边界。"我党的这种表态对于波兰党无疑是一种有力的支持。但是在校对这篇讲话稿时，我出了错。当时，访问日程排得很紧，讲话稿定稿很晚，我直到群众大会开始前10分钟才匆匆校对完，没来得及再检查一遍。在群众大会上，我作为翻译念了这篇译稿，会后有一位同志发现波文稿中漏译了"和平的边界"这几个字，我没有校对出来，当即报告了周总理。总理对此很重视，批评了我的粗心。他说，这是很重要的几个字，只是"友谊的边界"还不完整，必须同时是"和平的边界"。由于当时译稿已经发给了波兰通讯社的记者，总理指示马上采取补救措施，让他们加上。好在第二天见报时加上了，这才部分地弥补了这个错误。这件事给我的教训极为深刻，它使我认识到：当一名翻译，不仅要外语水平过硬，更重要的是要有政治头脑。作为外交战士，必须政治上敏感，工作上认真负责。

在这次访问中，还有一件事使我印象深刻。当时，贺龙副总理是代表团的成员。在赴弗罗茨瓦夫市的火车上，有一位波兰记者几次三番要求采访贺副总理，但贺老总一直没有同意，只是微笑着摇头。他对记者说："你去采访周恩来总理吧，他是团长。"我当时当翻译，心中还有些纳闷，事后才认识到，这正是贺老总组织纪律性强的表现。

我最后一次见到周总理是在1971年9月，正是林彪一伙在蒙古温都尔汗折戟沉沙之后不久。当时总理的工作非常繁忙，又要处理林彪的问题，又要准备即将到来的国庆节。那天晚上，我看见总理比以前瘦多了，白头发也多了些，显得有些疲倦。他刚接见完一批外宾，一刻也没有休息，便振作起精神陪波兰外宾一起吃晚饭，后来又一直谈到深夜。送走外宾后，总理又得回去处理一大堆紧迫的工作。

在每个人的职业生涯中，都会有一些难忘的回忆。当我回忆自己的外交生涯时，毛主席和周总理的身影经常会浮现在眼前，让我感到亲切，得到激励和启示。我会把这些记忆永远珍藏在心里。

墓碑上的小帆船

陈晓波 （中波轮船公司政宣室主任）

1952 年，中波轮船股份公司

刚刚庆祝成立一周年。

为了乘势而上，

进一步促进波兰分公司的工作，

交通部安排有外语专长的邓友民同志

担任分公司经理。

任命到了汉口，邓家是双喜临门。

因为，就在这年 4 月，

邓氏夫妇的孩子——邓东娃来到世上。

夫妇俩带着孩子

匆匆踏上远赴波兰的旅途。

那个年代的长途旅行

充满艰辛，

中波海运公司成立一周年员工合影（1952 年 6 月 15 日）

长达几个月的海上旅程

对孩子的健康

造成了难以挽回的后果。

抵达波兰后，东娃又遭逢一场大病，

虽经医治，却回天乏术，

格丁尼亚塔山南麓的坟茔

成了小小孩童最后的归宿。

消息传到了波方员工的耳朵里，

化成了一声声惋惜，

从二月十日街，口耳相传，扩散开去。

中国海员工会中波海运公司委员会第一届会员代表大会合影（1953 年 11 月 15 日）

虔敬的波兰人在天主的圣堂里，

为夭折的孩子祈祷。

一句祈祷

引来了

一百句的祷告，

伴随教堂的钟声

飞到了格丁尼亚的上空。

一则传说在空中久久盘旋:

一个娃娃,

一个来自东方的娃娃,

他来了,

带着友谊而来;

他走了,

要让他手捧鲜花,

在群星的引导下,

飞向天堂!

每年的亡灵节,

生者追思逝者的日子,

静默的队伍去往塔山的墓园,

黄昏的时候,

一点点烛光

一簇簇地亮起,

从山脚一路蜿蜒向上,

直达天际,

直达群星闪耀的地方。

素不相识的波兰人,

邓东娃墓碑

六十多年来，接连不断，

他们看护着这方纯洁的墓碑，

慰藉着这缕异乡的游魂。

孩子墓前，

鲜花常开，

烛光摇曳。

碑上的东娃

永远是一周岁的模样，

小小的罩衫上，

一艘小小的船，

小小的船儿

两头尖，

一头向着远方的故土，

一头连着长眠的港湾。

人物篇

为中波人民友谊大厦添砖加瓦

王 砚 （中国前驻波兰使馆参赞）

1952 年夏，我正在青年团西安市委工作，忽然接到通知，告知被选拔为留苏预备生，让我尽快到北京俄专的留苏预备部报到，准备开始学习俄语。1953 年夏，在俄语学习即将结束时，高教部留学生管理司又宣布说，我被外交部选派赴波兰学习波兰语，将来当波兰语翻译。就这样，我的命运开始与波兰绑在一起。

我是一名波兰语翻译

1953 年 8 月 15 日，我们一批同学登上了开往莫斯科的国际列车。到达莫斯科后，当天就换乘开往波兰的火车。我清楚地记得，我们是在当年 8 月 26 日傍晚到达华沙的。波兰高教部让我们这些人组成了一个波兰语学习班，附设在华沙大学波兰文学系里，并为我们请了一位女教师，不过她并不是华沙大学的。由于她住在离华沙工业大学比较近的地方，她就在那里为我们联系了一间教室。为了上课方便，后来我们就搬到了离华沙工大比较近的学生宿舍里，每天上课乘有轨电车，四五站就到了。

我们的这位女老师很有经验，但她不懂中文，也不懂俄文。她采用了直接教学法，给我们使用的课本是波兰当时的成人扫盲课本。为了学习方便，我们都带着两本字典：一本波俄字典，另一本是从国内带去的俄华字典。为了教学方便，波方也为我们请了一位能讲俄语的女助教。经过不长的时间，由于老师的耐心教学，加上波兰同屋同学们的热情帮助，我们就可以不用查字典而解决学习上的困难了。第一学期我们只有波兰语课，到第二学期时，应我们的要求增加了波兰历史课。校方请了一位历史教师，按照中学的历史课本为我们讲授波兰的千年历史。

两个学期的波语学习结束时，正好赶上周恩来总理访问波兰。当时波兰报刊上相关的文章和报道很多，大使馆的波语人手不够，就要求我们几位同学去帮忙翻译这些材料。我们觉得这是检验我们学习成绩的机会，就十分乐意并努力去完成任务。大使馆用完这些材料后也没有说什么，但两年多以后，当我正式调到使馆工作又看到这些翻译材料时，才发现其中错误很多，深感当时的水平还远未达到一个真正翻译的要求。

在学习波语期间，波兰大学生联合会十分注意安排我们这些外国留学生与波兰学生以及波兰社会的接触，因此经常为我们创造一些会面的机会。1954年春，我去普沃茨克市参加与一所中学同学们的会见。那位校长很高兴地告诉我，他们学校的一位毕业生已被选派到中国去留学。我当即要求和这位同学见面，他名叫罗文斯基。我们见面后约定，他在赴中国前要到华沙来看我。他动身来华时，我也到机场去为他送行。从此，我们开始了交往。此后，不管他在中国学习、工作，还是我在华沙工作，我们都保持着联系，至今已经整整65年了。我1957年底回国工作后，曾去外交学院看他，在那里又结识了当时也在那里学习的波兰留学生布尔斯基，我们也成了朋友。布尔斯基后来在驻华使馆工作，最后当上了驻华大使。我们也一直保持联系到现在，过圣诞节和中国的春节时总会互相祝贺一番。这样的交往，恐怕还是不多见的。

1954年秋，我进入波兰外交学院外交领事系学习。我发现，一年的波语学习对于学理工科的同学们也许能够应付下来，因为他们的学习中有许多公式和计算等，但对于学社会科学门类的学生来讲，由于主要

1955 年 7 月，波兰总统贝鲁特、部长会议主席西伦凯维茨、外贸部长东布罗夫斯基等人在中国驻波大使王炳南陪同下参观波兹南博览会中国馆。王砚担任翻译。

靠听讲、记笔记和阅读更多的参考书，一年的外语学习还是有点不够用。最好能够在国内多学一段时间，然后再来国外进修一下，这样困难就会少些，收获也会更大些。

由于当时中波之间的交流多了起来，来波的各种代表团都希望能有波兰语翻译，因此，放暑假时大使馆为我们安排了不少"任务"。1955年暑假期间，我先是为参加波兰进出口展销会的中国展览团当翻译，从筹备到展出、撤展，先后达两个月；接着又参加了第五届世界青年大学生联欢节并为随团来的歌舞团和中央乐团在波兰的巡回演出作翻译，也将近一个月。

我国在展销会上展出了许多当时的最新产品。记得摆在展台中央的是一架由南京无线电厂生产的"熊猫"牌落地收音电唱组合机，它采用了当时相当先进的声控手段。当波兰领导人来馆参观时，陪同参观的王炳南大使手持声控器演示了一下，引得大家一片赞誉。西伦凯维茨总理笑着说："我们还没有这玩意儿呢。"

当歌舞团和中央乐园巡回演出到达波兰港口城市革但斯克时，波方邀请中国艺术家们到当地著名的"森林歌剧院"去看一场演出。节目单上印的波兰文按字面翻译就是小歌剧，名叫"快乐的寡妇"。我只能死板地照译成中文。中央乐园的艺术家们虽然有点不解，但也没有多说什么。但当演出即将开始，乐池里响起音乐时，这些音乐家们立刻告诉我，这种艺术形式叫"轻歌剧"，这个剧目叫《风流寡妇》，曾在中国上演过。我只好承认自己对音乐的无知，深感要当好一个翻译真难呀！

1956年春，驻波兰使馆决定调我和另一位在外交学院学习的同学去使馆工作，主要是当翻译。我遇到的第一件大事，就是1957年周恩来同志率领的党政代表团访问波兰。作为外交战线的一名新兵，我能参加这样重大的接待工作，心里十分激动。在这次工作中，有一件事使我终生难忘。当周总理发现在答谢宴会上为他准备的祝酒词中只提到哥穆尔卡，而当时已获悉波兰另外两位领导人即国务委员会主席萨瓦茨基和部长会议主席西伦凯维茨也将出席时，他立刻把我叫到休息室，向我口授了第二杯祝酒词的内容，并要我立即译好。当我译完后，招待会已经开始了，不多一会儿，周总理就开始讲第二杯祝酒词。我翻译完以后发现，竟和他给我口授的话一字不差。当我后来把此事告诉代表团的其他人员时，他们说："这就是周总理超人的记忆力。你才知道呀！"

在使馆工作时，有一次我正在办公室里看报纸，王炳南大使忽然跑进来要我到他办公室去接一个电话。原来是哥穆尔卡的秘书来电话，要王大使立即去见他。于是，我陪王大使去波党中央见了哥穆尔卡。通过这两次重要的翻译，我想，我作为一个波兰语翻译的身份大概可以确定下来了吧！

中波传统友谊源远流长

70 年前，当中华人民共和国宣布成立后，波兰人民共和国立即承认了新中国，并很快就建立了大使级的外交关系。因此，我们很快就可以庆祝两国建交 70 周年了。

中方一贯十分重视对波关系。建交后不久，中波就组建了新中国第一家与外国合资的航运公司——中波轮船公司。该公司在当时为打破对华封锁禁运立下了大功，也为新中国培养了大批远洋海运人才。它经历了国际风云变幻的年代，不仅坚持了下来，而且有了可观的发展，取得了骄人的业绩。

1958 年 3 月，波兰副总理雅罗谢维奇率政府代表团访华，主要是谈五年计划中的双边合作问题。按照当时的惯例，由总理率领的代表团称为政府代表团，由副总理率领的代表团应称为"政府经济代表团"等。但当时，波方表示要用政府代表团的名义，中方同意波方的建议，由周恩来总理亲自率领中方代表团，并让陈毅副总理也参加。谈判进行得很顺利。谈完实质性问题后，周总理考虑到贺龙、陈毅和聂荣臻都曾先后访问过波兰，就建议他们三位联合宴请一次波兰代表团。当时波兰方人数不多，身份也都较高，就安排在北京饭店的贵宾厅里，由于只有两桌，可以用些平时国宴上不好用的菜，如熊掌等。这使得波兰代表团的成员们都十分高兴。雅罗谢维奇感慨地说："以前国王狩猎时，如果猎获一只熊，也只有国王和王公们能尝到熊掌，其他人只能吃到一点熊肉而已。"

为了使代表团能够更多地了解中国，中方安排他们去鞍山、上海、杭州等地参观，还去广州参观广交会，最后来到了武汉。这时，毛主席开完成都会议来到了武汉，就决定在那里接见代表团。这是我第一次为毛主席当翻译。以前毛主席接见东欧国家的领导人时经常用俄语翻译，这次见到我这样一个新面孔，就特地问我"你能讲他们国家的语言吗？"

1958 年 4 月 2 日，毛泽东主席在武汉东湖会见由波兰部长会议副主席雅罗谢维奇率领的波兰政府代表团。王砚担任翻译。

我回答说："是的，我讲波兰语。"主席又问："你在哪里学的？"我回答说："我是在波兰学的波兰语。"这时毛主席转向波兰外宾说："你们看，他是你们培养出来的！"这样亲切的话，使会见的气氛一下子变得轻松了许多。

1959 年春，波兰党召开了第三次代表大会，会后决定派出一个大型代表团来华访问。代表团由政治局委员、书记处常务书记莫拉夫斯基率领，中方则由刘少奇同志亲自率团主谈。事后为他们安排去了 13 个城市访问，各地均由负责的党委书记主谈。代表团对这次的交流成果十分满意。访问结束时正逢五一节，于是也安排代表团成员上天安门城楼观礼。尽管莫拉夫斯基也就四十来岁，但毛主席还是很亲切地告诉他："如果站得累了，可以到后面的休息厅休息一下。"莫拉夫斯基也很有礼貌地回答说："既然毛主席有这样的指示，我等一会儿就去。"

1959 年 10 月 14 日，毛泽东主席会见来华出席新中国成立十周年庆典的波兰国务委员会主席萨瓦茨基。王砚担任翻译。

　　1959 年秋，我国国庆十周年时，社会主义国家都派来了高级代表团，加上其他国家和兄弟党的代表团，那几天的庆典活动内容十分丰富，大家都很忙。中方就告诉各代表团，在这些共同的场合大家都已经见面了，如无特殊问题要谈，就不再进行单独会谈了。因此，在庆祝大会、阅兵典礼和国宴后，许多代表团就纷纷回国了。但后来，毛主席还是单独会见了波兰代表团。由于毛主席习惯于晚上工作，因此会见安排在清晨 6 时。毛主席还风趣地说："对不起，打搅了大家睡觉。不过你们好歹已经睡了几个小时，而我还一直没睡呢。"会见进行了一个多小时。结束后，主席把大家送到丰泽园门口。这时，太阳正好从中南海那边照过来，客人们都感谢毛主席的会见，纷纷请主席快去休息，气氛非常感人。

　　我还记得，当 60 年代初我国经济遇到了一些困难时，国内曾经采取了许多措施压缩外事活动，当时甚至取消了国庆节的游行和阅兵活动。但波兰提出想搞工业展览会时，我们还是同意了。那个展览的规模相当大，波兰展团的工作人员来了400多人。周总理和一些领导人还参加了开幕式。晚上的国庆烟火晚会也请波兰的政府代表团全体人员上了天安门城楼，毛主席会见了英德里霍夫斯基和代表团人员，保持了相当高的规格。

60年代中期，我国对东欧地区还只有俄语广播。后来，中央人民广播电台认为有必要对这些国家使用其自己的语言广播。在最早开播的语种里，首先就有波兰语，但当时未能找到合适的波兰专家来对波语广播时的文稿作最后的审定。于是，就从一些单位找了几个人组成一个小组来最后审定这些稿件，我也受邀参加。经过一段时间的筹备，节目顺利播出了。当时的对波广播选择的时间是华沙时间晚9点，也就是北京的凌晨4点，因此我没有收听到。后来，我下放到五七干校，因为地处乡下，需要晚上巡夜以保证安全，于是，当轮到我值夜班巡逻时，我就会带上小半导体收音机在凌晨4点收听一下波语广播。当听到播音员清晰的波语时，我虽然不认识那位播音员，但心里还是会有一丝欣慰和亲近，因为毕竟我也曾为这个广播的创办做过一些工作。

为中波人民友谊大厦添砖加瓦

在我和波兰有这种不解之缘以前，我对各国人民之间友谊的理解很抽象，这主要是由于缺乏切身的感受。但自从和波兰有了这么几十年的交往后，这种情谊对我来说就不再是虚幻的了。它有了感悟和事实的基础，是活生生的人生经历。

首先，最直接地让我体会到这种跨国人民感情的事例，就是与那些波兰同学建立起的深厚感情。这些同学来自华沙不同的院校，但他们无一例外地热情帮助我们，非常耐心。他们经常说的一句话就是："你不要拘束，我们会尽一切力量帮助你的。"1956年圣诞节前，我的同屋马里安邀请我到他在琴斯托霍瓦市的家里过节。这种邀请是很少见的，

1961 年 10 月，周恩来总理和李富春、薄一波副总理在北京展览馆参观波兰工业展览会。王砚担任翻译。

我当然愉快地接受了他的邀请。他的家和另外一位同屋洛达克的家离得不太远，因此我那次就访问了两位同屋的家。有趣的是，自 1957 年我到大使馆工作后，我们就失去了联系，但 80 年代末我又到使馆工作时，在一个外交场合见到一位有点面熟的外宾。我上前问他的尊姓大名，他回答以后，我立刻说："我是王砚呀！"于是，我们拥抱在一起。毕竟 30 多年过去了，马里安已经从一个小伙子变成一位 50 多岁的官员，变化很大。从此，我们又恢复了联系。

60 年代我再次到使馆工作时，我的另外一位同屋和我们年级的一位女同学结婚了，邀请我到他们的小家去做客，毫不拘束。后来，他作为波兰汽车零件进出口公司的业务人员来到中国时，我也邀请他到我家做客，于是，他请使馆商务处的一位能讲中文的官员陪他来我家。吃完我们自己做的饭菜后，我问他："饭菜可口吗？"他笑着回答说，"你

王砚（左1）和一家三代与中国结缘的波兰同学（右1）在一起。

能请一个白种人到你家里吃饭，就是只给我一杯白开水，我也会满意的。"那位陪他来的使馆工作人员也高兴地说，"我是第一个到中国人家里做客的波兰使馆人员，我为此感到十分荣幸。"

其实，我的波兰同学中有许多人后来都和中国有了些联系。最有趣的是，一位同学由于与我们的交往和对中国的友好感情，竟让他的儿子到中国来学中文，后来自然也就在驻华使馆工作了。这位同学在90年代担任了波兰驻上海的总领事。每次到北京的使馆来述职时，他都会到我家坐坐。我也去上海看望过他。他的夫人从波兰去上海途经北京时，也要来我家做客。他的儿子和儿媳由于在驻华使馆工作的便利，也来过我家，还带着他们的孩子。这样，我就和他们家三代人都有了交往，这也算是一段佳话吧。

70年代中期，我国通过香港在开展对外贸易上有了一些起色。我想到应该设法打破"卢布外汇"对我国外贸的束缚。考虑到当时国内跨部门之间解决业务问题比较麻烦，因此我大胆直接上书李先念副总理，希望尽快解决这个"外汇束缚"。李副总理直接批示财政部和外交部解决这一问题。后来，财政部派出了专家小组，请驻波大使李则望担任团长与波兰进行谈判。李大使考虑到建议是我提出的，就让我也参加了谈判代表团。当我们与波方进行谈判时，我发现坐在对面的波兰国家银行外事处处长是我在外交学院的一位女同学，于是高兴地叫出了她的名字，然后进行了热情友好的交谈，以至波方团长（波兰国家银行行长）十分惊奇地说："看来我们也得多派些留学生到中国去！"

80年代，北京外国语学院准备出版一份《东欧》杂志，他们向我约稿。这时，我想到了傅拉托同志，就写了一篇题为"怀念国际主义战士傅拉托同志"的文章。文章发表后，我将它寄给了在波兰的朋友罗文斯基。他觉得很有意思，就译成波兰文寄给了波兰最重要的刊物《政治周刊》，结果也被发表了。后来我了解到，这是《政治周刊》迄今为止发表过的唯一一篇由中国人撰写的文章。

说到傅拉托同志，我觉得有必要再多写几句。他是一位白求恩式的国际主义战士，曾参加反对法西斯的西班牙内战，是国际纵队的成员，也是纵队在失败后撤往法国的最后一支队伍的负责人。1938年，当设在英国的援助中国抗日的国际委员会了解到法国的居尔集中营里有一批从西班牙撤下来的医生后，就设法联系并将他们营救出来，组成志愿医疗队前往中国，支援中国人民的抗日战争。这一批共19人，傅拉托同志是这支队伍的负责人。他们通过海路到达香港时，宋庆龄同志曾接待他们。后来，他们来到当时设在贵阳的中国红十字会总会，并与中共取得联系。他们本来想像白求恩一样前往中共领导的敌后抗日根据地，但由于当时国民党已经封锁了陕甘宁边区，他们只好根据周恩来同志的指示，留在国统区的抗日部队里当战地医生。由于傅拉托同志是该小组的负责人，他留在重庆的时候比较多，曾为董必武、邓颖超等同志看过病。董必武曾为他题字"华佗——傅拉托"。因此，后来他经常与中国同志开玩笑说，他和中国的神医同名。在重庆时，他为中共代表团做了许多工作。直到1945年抗日战争胜利后，他才回到波兰。但这段历史曾在冷战最激烈时遭到了不应有的误解，他也受到审查，甚至身陷囹圄。

1942 年，王炳南（后曾任中国驻波兰大使）和妻子王安娜在重庆八路军办事处会见傅拉托（右2）、甘扬道（右1）医生。（供图：贵阳市政府新闻办公室）

1954 年周总理访波时，向波方领导人提出想见见这位老朋友，才使他重获自由。后来，董老、王炳南大使都曾为他写过材料，澄清了这段历史。1957 年，当中波关系有了新的发展时，波兰觉得这位中国人民的老朋友应该发挥更大的作用，就把他派到中国来担任驻华使馆的公使衔参赞。他在这个岗位上工作了六年。回波兰后，他在外交部主管亚洲事务的地区司里担任主管中国事务的副司长，直到 70 年代病逝。不管在北京还是在华沙，我和他都有经常的联系。这是一位我终生难忘的"中国人民的好朋友"。

我在驻波使馆工作时，结识了一些波兰社团的朋友。有一位朋友是一个社团的全国性机构的领导人之一。有一次他告诉我，他们正在举办一个干部培训班（当时波兰全国分为 49 个省），每省来两名干部，加上在华沙总部的一些人，共有 100 人左右，想请我去介绍一下关于中国的情况。我当时很高兴地接受了邀请。那些工作人员都比较年轻，很想了解中国各方面的情况。我当场回答了他们提出的各种问题。记得在谈到我国的外交政策时，我说我们反对派军队到别的国家去干涉人家的内政，竟引起了他们一阵热烈的掌声。

80 年代我在使馆工作时，有一次华沙的大公园里正在举办一场规模相当大的花卉展览，我和夫人从使馆文化处拿了一些印有中国花卉的彩色明信片就去参观了。那次观众很多，展会入口处排起长队。我们很自然地也排在队伍里。但展会的主持人发现了我们，立即过来将我们请入展厅并陪同参观。我把带来的彩色明信片送给他时，他十分高兴。后来，他请我们到他家里做客，还请我们去他家里过圣诞节。我也邀请他参加大使馆的一些招待会。我们成了很要好的朋友。

从使馆回来后，我办理了离休手续，被外交部下设的国际问题研究所聘为特约研究员。在这个岗位上，也曾发生过一件很有趣的事。该所与国外的许多相应机构时常有一些学术交流的机会。有一次，波方派来的是他们外交部政策规划司的副司长。中方是由副所长出面接待的，但所里考虑到我能用波兰语和他直接交谈，就让我也参加了接待。这样一来，我和这位外宾就有很多机会交流，尤其是去承德参观避暑山庄时，我们在往返的汽车上和参观的过程中交流了各种问题。他关心中国从古到今方方面面的事，问了很多问题。我则尽我所能予以回答，他十分满意。几年后，他作为政策规划司的司长陪同波外长来华访问，我们在波兰大使举办的招待会上又见面了。他向波兰外长介绍说："这位王教授是我的好朋友，我关于中国的知识很多都是从他这里得到的。"波兰外长也很客气地说："那你以后再就中国问题提出意见时，我就知道你是很有根据的。"

在国际问题研究所工作期满后，我又应聘担任了国务院发展研究中心欧亚社会发展研究所的特约研究员。在该所工作时，我参加了他们和波兰驻华使馆联合举办的纪念中波建交 50 周年和 55 周年座谈会。在为建交 55 周年举行的座谈会上，由于当时波兰副外长正在华访问，也参加了座谈会并作了发言，因此那次座谈会大家都用波兰语发言。我的讲话还被中央人民广播电台录了音，并通过波语台向波兰播出了。这让我不禁感慨：没想到过了几十年，我的声音居然还能出现在波兰。如果真有人听到，那我这个波兰语翻译还真没有白干！

此后，我还为国内一些学术和科研机构翻译过一些波兰的资料。直到 85 岁时，我还为一家出版社翻译了几万字的材料。这当然很可能是我做的最后一次翻译，但也是相当值得纪念的。这也使我可以无愧地说："我这一生都在干波兰语翻译！"

在翻译生涯中，我主要是口译和笔译一些文件和资料，但也参加过几本书的翻译。比如著名经济学家兰格的《政治经济学》、勃·明兹的《社会主义政治经济学问题》和《现代政治经济学》、阿尔诺德院士为波兰建国千年撰写的《波兰简史》，以及一些文学方面的作品等。波兰方面对这些成果是十分了解的，因此在 2001 年以总统克瓦希涅夫斯基的名义授予我"波兰功勋十字骑士"勋章。这恐怕是给一个波语翻译的最高荣誉了吧！

波中友谊之花

易丽君 （北京外国语大学欧洲语言文化学院波兰语教授）

我们这一群人，可以说是时代的宠儿。高中毕业那年，正逢第一个五年计划开始实施，国家对人才的需求如饥似渴，大学招生人数超过当年中学毕业生总数，应届高中毕业生只有挑哪个大学上的问题。我是独生女，双亲不让远游，就挑了武汉大学中文系。珞珈山是神仙住的地方，湖光山色美不胜收，古典建筑群美轮美奂，如此优美的校园环境乃中国唯一、世界少有。我在那里过了一年如鱼得水的日子，父母亲也是喜在心头、笑在眉梢，因为我每个礼拜六都可以回家承欢膝下。1954 年，我被提名参加留学考试。7 月，正值长江洪水暴涨，全市军民奋力防洪的紧张时刻，我离家北上，心怀无限的眷恋、担忧和愧疚，到北京参加留学预备生的政治学习。听到许多领导人在讲话中强调，留学生肩负着建设国家的重任，我离开防洪前线的愧疚心理才得以释然。我对出国留学不像别人那样欣欣雀跃，因为我对自己的家乡和武汉大学是如此的一往情深。

我们是人民共和国派遣赴波兰留学的第三批学生，共 17 人——两个女生，15 个男生。其中五人学习波兰文学，张振辉来自南开大学俄语系，裴远颖来自南开大学中文系，林洪亮和我来自武汉大学中文系，艾清来自东北人民大学（现吉林大学）中文系。而我后来的丈夫袁汉镕，则来自南开大学物理系，他被派往波兰学习核物理，这在当时是最先进的学科之一，因此也引起了我的兴趣。我的女同学艾清文质彬彬，谨言慎行，她是我们中的两个党员之一，所以事事处处都要作表率。而我则是赴东欧社会主义国家留学的两个非党团员之一，另一个去了捷克。我生来口无遮拦，胸无城府，嬉笑怒骂皆由兴致，被认是个自由主义的野丫头。在留学预备生政治学习会上，我曾经说过一句被认为是大国沙文主义的经典言论，后来高教部留学生管理司领导到派往各国的留学生中作报告都要引用这句话。有一次，他在给留波学生作报告时指出："有的学生不愿去小国留学，说什么'某国那么点儿地方，恐怕我打个哈哈就能惊动全国，全国的人都能听到'！"此话一出，引起一阵哄堂大笑，他不知道此话的原创者就在听众中间。

出国前夕，波兰驻华大使馆设宴为我们送行。波兰驻华大使发表了热情洋溢的讲话，欢迎我们到波兰各高校学习，希望我们成为波中文化、科技交流的桥梁。我们出发到苏联和东欧各国的日子大概是 1954 年 8 月 22 日前后，留学生的队伍相当壮观，2000 多人去苏联，近 200 人去波、捷、罗、匈、保、阿和东德。我们乘坐的是从车库里拉出来的专车，是大统舱。我们去波兰留学的 17 个人住在一节车厢里，只分上下床铺，没有隔断。到车站送行的最高领导是时任国务院副总理兼秘书长的习仲勋，他说中央几位主要负责同志临时有急事需要处理，就派他来代表。他说，现在国家很穷，但不惜成本要培养一批自己的建设人才。他还说：我的工资级别是三级，每月工资是××元钱，而你们每人每月的助学金折合成人民币都超过这个数目。你们应当体会到国家的一片苦心，出国后一定要好好学习，学好本领，将来回来建设我们的祖国。这一席话永远铭刻在了我们心中。

列车在不知不觉中徐徐启动，在"再见了妈妈，别难过，莫悲伤"的歌曲声中，我们个个心潮澎湃，满眼饱含热泪。平时觉得很普通、很不起眼的北京城，这时却变得格外美丽而可爱起来。

列车在满洲里出境换轨要停留两三个钟头，大家纷纷换上了"出国服装"。列车出境后,沿着森林走了一天一夜,突然眼前冒出一片水域。"贝加尔湖,"我脱口叫喊了一声,心里想的却是"苏武牧羊北海边",不由又嘀咕了一句"这就是北海"。打牌、下棋、聊天的同学都趴在了窗口,发出声声赞叹。当时,我在日记本里写下了这样的话:愿你平静的水面作我梳妆的明镜,愿你的碧波溅上我的红裙,愿故乡能回到你烟波浩渺的梦境。日记本从床上掉了下来,被一个同学捡起来大声朗读,于是,有人开玩笑说我想跳湖,有人说我在翻陈年旧账有违中苏友好精神。那是我生平第一次受到批判。我自幼到出国都是受人宠着的,为此事心里老大的不高兴。

经过了时走时停的六个昼夜,列车抵达莫斯科。离开莫斯科的第二天下午,我们抵达华沙。华沙大学的有关负责人、我国驻波兰使馆的领导和工作人员、华沙大学汉学专业的师生都到车站迎接,比我们早两年到华沙学习的高佩玉当翻译。车站月台上举行了一个简短的欢迎仪式,波方同学致欢迎词后,轮到中国同学致答词。我们的队长李恩科没有准备,不知道该说什么。高佩玉见状说:"你想说什么尽管说好了,我会替你翻译。"她的波兰语说得那么流利,令我深为佩服。高佩玉对我们说:"今晚是华大的宴请,这儿是布里斯托尔大饭店,是华沙历史最悠久、最高级的饭店,是宴请高级贵宾的地方!"没想到,我们这群年轻人竟受到国宾的礼遇。

到华沙的第二天,波方安排我们参观华沙大学。这所学校创建于1816 年,但并不是波兰最古老的大学。波兰历史最悠久的大学是设在克拉科夫的雅盖隆大学,创办于1364 年,著名天文学家哥白尼就曾在那里就读。当天我们参观的只是华大的一部分,整个学校分布在市内二三十处地方,包括 16 个系,数万名学生,汇聚了许多波兰著名的科学家、学者,连助教都必须是本门学科的博士。外国学生中亚洲人居多,特别是朝鲜人和印度人。校园内古木参天,那些枝繁叶茂的栗树也曾见证过希特勒给波兰人民带来的浩劫。

我们出国参加的第一次重大政治活动，是大使馆举行的建国五周年国宴。波兰党、政、军最高领导人全体莅临，国家元首贝鲁特代表来宾对中华人民共和国成立五周年表示祝贺。宴会上，高佩玉带着我和艾清跟贝鲁特见面，谈笑甚欢。贝鲁特称我们是"波中友谊之花"，这句话让我终生难忘。

我们到波兰的头等大事，就是学习波兰语。可我刚学了两个月，就生病住院了，医生决定给我输血。后来医生告诉我，给我输血的是身体非常健康、非常聪明的波兰大学生。没想到，我的身上竟然有了波兰人的血！我住了一个月的医院，又住了近两个月的疗养院，到处都有人热情地教我波兰语。等我康复回到班上，我的口语能力一点也不比别的同学差。看来，学语言不必那么按部就班，关键是有环境和勤练习。

在波兰留学期间，我们还有幸见到了彭德怀元帅。1955 年 5 月，彭老总作为"观察员"到华沙出席华沙条约组织成立大会。大会次日的上午，大使馆派车来接我们，说彭老总要见留学生，我们自然是喜出望外。见面时，彭老总给我们讲了许多国内的情况，其中涉及国家的一些重大问题。他说："你们是我们国家的未来，也是我们国家未来的主人和建设者，一些事情应该让你们知道。"他还跟袁汉镕拉起了家常，说潮州话很难懂、潮州菜很好吃、潮州音乐很好听，还有座很有特色的桥。彭老总如此平易近人，令我们倍感亲切。

1955 年 7 月，第五届世界青年与学生联欢节在华沙举行。中国派出了庞大的代表团，包括歌舞、戏剧等文艺团体和各条战线的英模人物。我们作为留学生，几乎是全程参与了联欢节的所有活动。其中许多精彩的瞬间，让我们终生难忘。联欢节过后，离 10 月开学还有一段时间，因此，我们一行十多人去了海滨城市革但斯克，住在革但斯克工学院的一个招待所里。革但斯克与紧邻的索波特和格丁尼亚组成一座"三联城"。连

1955 年，中国青年代表团在华沙与波兰女
青年联欢。（供图：FOTOE）

接三者的奥利瓦是一座很大的园林，道路两旁多为橄榄树，树冠相互交
错，构成一座悠长的穹窿，通常被称为"情人路"。我和袁汉镕都认为
这里极富有诗意，就常常相伴到奥利瓦散步，走得多了就走出了感情。

开学了，我们五个进入波兰语言文学系，袁汉镕进入物理系。我们
的老师都是波兰国内外的著名学者，对学生的要求也很高。第一堂文学
史课就发了个必读和参考书目，罗列了近百部之多。这还只是从中世纪
到 18 世纪的文学作品，啃下这些书非要"头悬梁，锥刺股"不可。此外，
还有从荷马史诗开始的外国文学名著要读。那时，我们五个加上学历史

的程人乾，住在叶隆基友谊城学生宿舍。那里有三四十座五颜六色的木质别墅式小房子，据说是苏联援建的，有一片大草坪，还有个大大的苹果园。离开珞珈山之后，这是我住过的最漂亮的地方。我在一座绿色外墙、有木地板的房子里一住就是五年，跟我合住一间房的是两个波兰女生。

我们五个学文学的和一个学历史的人，有时相约坐在苹果树下讨论所读的书籍，交流学习心得和方法。有人提议，将讨论的内容用文字记录下来，不定期刊物《星火》于是应运而生，裴远颖当主编。刊物在留波学生中广为流传，带来与众不同的清新气息，影响也越来越大。但到了1956年，苏共二十大、波匈事件等相继发生，后来艾清和裴远颖奉调回国当翻译，我们这点儿"星星之火"也就自然熄灭了。

1960年6月28日，我完成了毕业论文答辩，次日便启程回国。经过三个月的政治学习，我被分配到中央广播事业局对外部对苏（联）广播组当编辑、记者。我写的专稿多次受到国务院外办负责人廖承志的表扬，我也成为对外部最出色的记者之一。尽管工作得心应手，但我却为自己所学的波兰语言文学专业派不上用场而感到沮丧。毕竟，在自己最美好的年华里，我用了六年时间，倾尽全部心血，学习了这门语言和用这门语言所创造的文学。我对它的感情已经融入了血液里。我希望能用所学的知识，为中波两国人民加深相互了解贡献一份自己的力量。终于，1962年初，我调到了北京外国语学院东欧语系波兰语教研室。这是我韶华青春时代的尾声，但也是我一段新的人生历程的开始。从此，为中波友好事业培养后备人才成了我毕生的事业，也为我带来了人生最大的幸福。

做一名文化交流的使者

李云彤 （中国外交部欧洲司干部）

2015 年 11 月，波兰总统杜达访华，我有幸作为代表团联络员参与接待工作。

一天，一场在人民大会堂的活动过后，一位礼宾司的同事拿到了刚刚通过礼宾渠道交换的波方礼品。那是一幅画，尺寸不大，似乎是用钢笔水彩所作，画面简单，只一颗荔枝树，树干旁用中文标注了"荔枝果树"。"这幅画叫什么？作画人是谁？波方为什么会赠这样一幅画呢？"这位同事问道。2016 年 6 月，习近平主席对波兰进行国事访问前夕，在波兰《共和国报》发表了一篇署名文章。文中写道"中波两国虽相距遥远，但彼此交往源远流长"，提及了一位 17 世纪来华的传教士，被誉为"波兰的马可·波罗"。他就是荔枝图的作者、欧洲汉学先驱、中国人民的朋友——卜弥格。

卜弥格，原名米哈乌·博伊姆，1612 年生于利沃夫（今属乌克兰），其父曾任利沃夫市长和波兰国王齐格蒙特三世的御医。早在年轻的时候，卜弥格就表现出对自然科学的非凡天赋，对远东地区怀有好奇与向往。14 岁时，他生了一场重病，当时发誓若能恢复健康，将献身远东传教事业。最终，他兑现承诺并将毕生精力投入对东方科考研究和中西文化与知识交流的事业中。他勤勉一生，在旅途中从未停止过学习和记录，撰写了大批关于远东特别是关于中国的著作，开辟了诸多此前西方汉学界从未涉猎的领域。他的《中国植物志》是欧洲发表的第一部论述远东

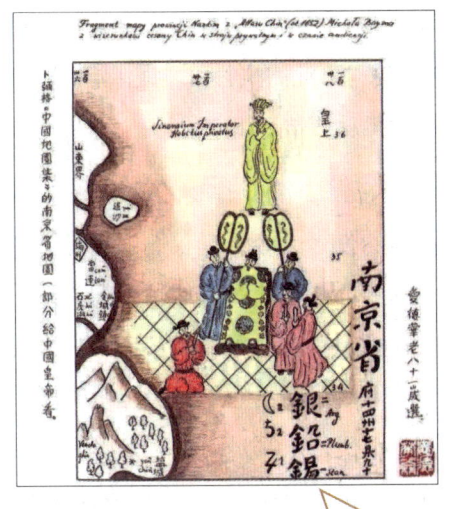

卜弥格所绘地图集中
的永历朝廷形象

卜弥格《中国植物志》
中所绘的荔枝图

自然生态情况的著作。他是第一位了解并向西方系统性介绍中医药知识的学者，也是第一个能够换算中、西方年代对照表的人。他的《汉语拉丁语词典》是欧洲出版的第一本汉语词典。他绘制的中国地图精准地反映了当时中国的行政区划、地貌、动植物与矿产分布，纠正了许多欧洲人对中国地理知识的错误认识，还首次向西方介绍了中国的长城。卜弥格执着于自己的学术事业，更热爱中国这片土地，珍视并忠诚于同南明永历帝的友谊。为挽救摇摇欲坠的南明王朝，他曾肩负使臣重任，穿着中国的袍服，带着中国朝廷的信函和礼品，冒万难险阻往返于中欧之间，为对他有知遇之恩的中国皇帝搬救兵。他辗转轮回，终因劳累病逝于广西边境，为这光荣的使命付出了生命代价。

卜弥格的出使经历同马可·波罗有诸多相似之处，甚至远比他的先辈在旅途中经历了更多的艰难与危险，在记录和研究中付出了更多的心血，留下了更具学术价值的一手材料与文献。他的传奇故事，应该像《马

卜弥格肖像（供图：FOTOE）

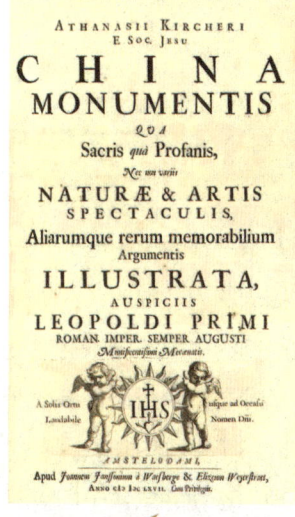

卜弥格所著《中国报告》封面

可·波罗行记》那样，被世人牢记和传颂。他对事业的执着和严谨治学的精神，更值得后辈学习和传承。

好在中波交往史上，从来都不缺这样的使者。今天，我们依然能够了解卜弥格的故事，阅读他留下的文献，很大程度上要归功于波兰当代汉学家爱德华·卡伊丹斯基先生对卜弥格的深入研究。卡伊丹斯基是上世纪初出生在哈尔滨的波侨，对中国、中国人民和他的哈尔滨故乡怀有深厚感情。他曾在波兰驻华使馆和驻广州总领馆担任外交官。在华工作期间，卡伊丹斯基将大量精力投入对中波交往史以及中国社会经济的研究，像卜弥格一样有着锲而不舍的治学精神，为中波人文交流事业作出巨大贡献。与著书人同样重要的，还有将卡伊丹斯基著作译为中文的著名波兰语翻译家张振辉先生。对中波文学交流作出巨大贡献的，还有我们十分熟悉的易丽君教授、林洪亮先生等。我们如今在市面上能够买到的波兰经典文学作品，都出自这些优秀的翻译者笔下。

更令人欣慰的是，随着中波关系的发展、两国人员往来的密切，中波文化交流之路上出现了越来越多的使者。他们多是非常平凡的人，却对中波交流有着执着的坚守和热爱。他们是发誓做最好用的在线波汉词典的程序员，是孜孜不倦投身于传播两国文化、促进中波相互了解的自媒体博主，是努力学习对方语言文化、致力于人文交流的留学生……他们活跃在各行各业中，记录着自己的故事。事实上，在文明交流互动空前广泛深入的今天，只要有心，任何人都可以成为一名文化交流的使者。

在波兰留学期间，我曾受两位波兰友人之托，校对过一本中文—西里西亚方言词典。显然，这词典算不上实用，知者寥寥，微不足道，但我仍然对完成这样一件前人没有做过的小小工作、为中波文化交流尽了一点绵薄之力感到高兴。

我的宁波之爱

帕维尔·布尔德尔斯基
〔华星中波（北京）矿用设备及工具有限公司总经理〕

说到波兰，中国人通常会联想到的是肖邦的音乐、哥白尼以及居里夫人。而波兰的地理位置、国土面积、人口数量等信息，对普通中国老百姓来说则显得遥不可及。

中国作为一个文化实体已有 5000 多年不间断的发展史。中国及其文化与世界上其他地区包括亚洲其他文化和拉丁文化都截然不同。中国长期以来一直是亚洲文化圈的领导者，是对人类有着关键意义的众多发明的发源地——火药、印刷术、指南针、针灸、雨伞、墨、瓷器、弩、油漆、风筝、蜡烛、多米诺骨牌、烟花、照明弹、卫生纸以及其他很多东西，而欧洲人通常对此并不了解。给我们留下深刻印象的主要是中国的人口数量（14 亿）和世界第三大的领土面积。

20 世纪 80 年代初，我出生于革但斯克一个人文知识分子家庭。还在襁褓中时，我就已经品尝到了中国之美，因为对这个国家的浓厚兴趣在我出生之前就已经萦绕在我的家里。我的父母在华沙大学政治学和新闻学系学习期间就已经接触到了中国文化，那些年里，他们收集了大量的中国书法作品，还有很多中国的画报杂志。这些杂志中的照片激起了一个幼小孩子的好奇心，为数众多的汉字和充满异国情调的绘画之美也让我痴迷。所以在我很小的时候，这一切就培养了我对中国美学的敏感性。从学校回来后，我通常不是先做作业，而是拿出那些中文杂志，一边翻一边思索那些字符到底隐藏着什么含义。我会试图用中国筷子去夹

2016 年 9 月，帕维尔的父亲、革但斯克大学教授马尔采利·布尔德尔斯基在二十国集团领导人杭州峰会会场留影。

住一些小物件，所有这一切都发生在一块手工地毯上——一个用丝绸靠枕围成的"中国基地"里。这些是我的父母在 1987 年第一次到中国旅行时带回来的纪念品。

促使我迷恋东方的一个重要原因是对中餐的喜爱——如果不是最重要的原因的话。1988 年 6 月底，在我入学前的那个端午节，我和父母一起拜访了一家被派往格丁尼亚中波轮船公司工作的中国员工。他们夫妇用一道美味的中国菜打开了我对亚洲美食的认知，这就是中国的饺子，它各式各样的馅儿以及蘸醋的吃法也永远"俘获"了我的心。我想，能吃到这种美味食物的国家一定也很棒。在我无忧无虑的青少年时期，父母不经意间渗透给我的中国文化在我身上留下了永恒的印记，当时萌生的好奇心在很大程度上促成了我现在在中国工作和生活的结果。

高中毕业后，我决定延续我的家庭传统，选择和父母一样的专业。但当时我对旅行的热情还非常有限，所以我选择在我的家乡——革但斯克上大学。在革但斯克大学社会科学系学习政治学专业期间，得益于母校优秀的专业老师，以及中国使领馆积极开展与我所在大学的合作，我有机会参加了许多在中国驻波兰大使馆和驻革但斯克总领馆举办的文化普及活动以及正式招待会。这些活动加深了我对中国的了解，使我更加熟悉这个国家的人民并拉近了我们之间的距离。专攻中国研究对我来说是很自然的事。

2002 年，我参加了罗兹大学组织的一次学术会议，我在会上的演讲主题是中国的对台政策。演讲结束后，我决定将这一课题作为我的硕士论文主题。论文的题目是"台湾问题与中国"，我有幸在杰出的政治学家安杰伊·霍杜卜斯基面前通过答辩。塔德乌什·德莫霍夫斯基教授是我的硕士论文导师，他现任革但斯克大学社会科学系主任。我在这篇论文中提出了一个在我所生活的那个环境里不太受欢迎的观点，即中国有权和平解决台湾问题。我认为，不管是就文化还是历史而言，台湾只属于中国。中国，拥有 5000 年历史的亚洲文明摇篮，确凿无疑地对台湾拥有主权。通过和平方式，中国将实现国家统一，从而强化其地缘政治安全以及作为地区大国的地位，这对维护世界和平是有意义的。

上学期间，我还受邀参加了"哈尔滨人俱乐部"在位于索波特北瓦津基公园里的春华饭店举办的一场见面会。见面会上，如今已故的亚历山大·考辛斯基教授分享了他在哈尔滨出生和生活的故事，还讲到——恰如人们所传言的——哈尔滨啤酒厂是由波兰的赫米耶莱夫斯基兄弟创立的。那时我才知道，哈尔滨最长的桥是由波兰工程师斯坦尼斯瓦夫·凯尔贝齐设计的。哈尔滨还有几座波兰教堂，其中包括最大的圣斯坦尼斯瓦夫教堂，以及波兰亨利克·显克维支初中。在整个讲述中，有两件事让我感到惊讶：一是在被瓜分时期，波兰文化能够在一个和我们国家相距遥远的另一片土地上得到延续；二是波兰人在如此迥异的文化环境中所表现出的勇气和生存能力。那时的哈尔滨是一个非常年轻和现代化的城市，而不为人知的是，创建这座城市并担任首任市长的是波兰工程师亚当·史德沃夫斯基。我还从教授的讲述中了解到，在哈尔滨曾有一个"波兰之家"。第一次世界大战之前，在哈尔滨生活的波兰人有 1.4 万人。他们甚至在那里发行了波兰文报刊。由卡齐米日·格罗霍夫斯基编辑、1928 年在哈尔滨出版的《波兰人在远东》一书记述了这段历史。虽然那次见面会已过去多年，但我耳畔仍时常回荡着教授那绘声绘色的讲述，我仍能记住每一个微小的细节。

爱德华·卡伊丹斯基是另一位让我对中国产生兴趣的人。幸运的是，他和我一样住在革但斯克，因此我有机会经常和他见面，并在当地举办的各种研讨会上聆听他的发言。值得大书特书的是，爱德华·卡伊丹斯基向世界介绍了卜弥格（Michał Boym）这位非凡的人物——他被称为"波兰的马可·波罗"。17 世纪，卜弥格曾在中国生活，而且与中国宫廷建立了如此紧密的联系，以至被作为特使派往欧洲。卡伊丹斯基写的很多书都是关于卜弥格的，此外，他还写过贝尼奥夫斯基的事迹，写过有关中医以及自己在哈尔滨度过的青春岁月的书。我兴致勃勃地读完了所有他写的书。我听说今年爱德华·卡伊丹斯基又出版了一本新书，其中讲述了他是如何获得有关卜弥格的生平等原始资料的。我认为，在中华人民共和国成立 70 周年之际，如果能够让中国读者读到此书，将有利于波中两国文化交流和加深两国人民之间的友谊。

在一次研讨会上，我有机会见到了一位杰出的中国记者——金钊先生，他用如母语般流利的波兰语，以独特的方式讲述了关于中国的故事。这样的讲述我可以一直不停地听下去。

2006 年 5 月，我在革但斯克完成硕士学业，但并没有停止关于中国的思考。我手中已经握有政治学文凭，但儿时那能够阅读中文并弄懂其中含义的梦想如同回旋镖一样又回到了我的脑海里。2007 年 3 月，在过完 26 岁生日之后，我便来到中国学习中文。虽然这些年里，我在中国生活的目的已经发生了改变，中间我也曾短暂离开，但直到今天我仍然生活在这里。

2007 年的中国还远没有现在这样现代化，只要看看 2006 年的北京地铁线路图就知道了。来中国之前，我从父亲那儿拿到了这样一张线路图，那时的北京只有两条地铁线路。而今天的北京已经拥有 22 条地铁线路，总长度超过 600 公里，也就是说可以横穿整个波兰。我刚来中国的时候，高速铁路网刚刚开始在中国大地上铺开，在交通工具上，陪伴旅客的经常不仅仅是背包和行李箱，还有各种动物——我指的不是狗或者猫，而是鸡和兔子等。近些年来，我再也没见过这样的"旅客"了。

我有机会在北京获得 2008 年奥运会举办权并积极筹备奥运会的阶段来到这个城市，这里的基础设施建设和现代化步伐让世界瞩目。城市的面貌一天天发生着变化，新的地铁线路相继开通，新的住宅区逐步开发建设，街道边开满了月季花。能亲眼目睹这些变化是一件幸运的事，因为在世界上任何其他地方都不可能再看到如此迅速的转变。在我来中国的最初几个月，我和朋友造访三里屯，或者到上海从前的"法租界"一带的酒吧，却很少能碰到中国的年轻人——中国的大学生主要在宿舍或大学校园里玩，在结束一天的学习之后，运动是他们主要的娱乐项目。今天，中国年轻人的习惯也在发生改变。我不知道有这一发现是因为我在中国待的时间长了，还是因为 12 年前中国的生活节奏要慢得多。另一方面，我发现人们的自律程度正伴随着生活节奏的加快而提高。曾经在售票窗口前，我会看到一些随意插队的人——也许那只是我的个人印象，而现在所有人都会耐心地排队等待，进站上火车也一样。我曾经想，当自行车还是主要交通工具的时候，北京是什么样的？虽然很难以置信，但我知道，在我来中国的 20 年前，北京到处还是一片自行车的海洋。

时代在变，中国和中国人也在变，全球化在这方面发挥了巨大的作用。

刚来中国的时候，我完全不懂中文，便申请了中国人民大学的汉语课程班，但没有在那里待很久。当时，我选了很多课程，也参加了很多社团活动，这大大压缩了我用于学习的时间。或者更确切地说，我更愿意在日常生活中、在与中国人的直接接触中探索语言的秘密。然而，所有事情都要付出代价，尽管我可以流利地和人交谈并几乎能够理解他们对我说的一切，但用中文阅读和写作成了我最致命的弱项。在我看来，学习汉语是非常困难的，对于大多数外国人来说，达到中等水平基本不可能。我认识很多在中国待了 10 年甚至 15 年的人，他们仍然操着令人难以理解的中文，词汇储备也非常有限。令人惊讶的是，这些人却说他们熟练掌握了汉语。孔子的母语与任何欧洲语言都没有联系，不用字母，一切都是由表意文字来表达。学习汉语的另一个难点是需要区分声调。我印象中的第一堂中文课更像是一堂音乐课，而不是外语课。即使是那些在中国居住了十几年的外国人也会经常发错音，这是造成许多误解和烦恼的原因，但同时外国人也成了很多中国轶事的主角。在中国居住的时间里，我也遇到了一些汉语说得很棒的波兰人，他们大都是中文系或者汉学系毕业的。

我没有完成在人民大学的语言课程，因为工作机会更具吸引力，毕竟我要考虑生存问题。2010 年底，我收到了博浪公司老总颜世峰先生的邀请，前往宁波工作。宁波与北京相距较远，当我第一次到宁波考察时，便被那里的美景所吸引。在港口城市长大的我可以又欣赏到海风和波浪声带来的快乐了，当时我就认定这是一个非常适合我的地方。在宁波，我还了解到了中国菜的丰富多彩。在北京时，我经常吃那些比较辛辣的菜肴，而宁波的餐厅里一般是没有的。在博浪工作让我了解了中国人的生活，而我的生活也慢慢变得和他们一样。每天从早上到下午 6 点都在工作，我没有太多业余的时间来做别的事。从一开始，我就比较注意保

帕维尔、菲菲和他们爱情
的结晶——女儿艾菲

持体型，几乎每天晚上都在海边的步道跑步。虽然跟革但斯克的莫特拉
瓦河边不太一样，但这里的建筑比北京的看起来更加欧式。夜跑时，我
很少遇到在那里锻炼的中国人，一个长腿的女孩成了例外。2011年开始，
我便经常能够看到她。我们已经习惯了同样在晚间跑步，见面时会相视
一笑并说声"你好"。一开始我们很少交流，通常只是几句话的问候，
但随着时间的推移和跑过的公里数不断增加，我们开始聊起有关运动和
健康生活的话题。当有一段时间没有见到这位新朋友时，我便会感到失
望。我想这种感觉应该是相互的，因为当我离开宁波两周后回来又在夜
跑中见到菲菲时，她的目光中透露着喜悦，并邀请我共进午餐。她带我
去了一家我从未去过的当地餐馆，我们也第一次开启了体育和饮食之外
的话题。在波兰，我们说这是敲碎了第一块冰。我们俩都很清楚，她对
我来说已经不是普通的朋友，我对她也一样。爱情之箭射中了我们，从
这一刻起，一切都将不同。用一句众所周知的谚语来解释，我们的爱始
于"第一次奔跑"，即所谓一见钟情。

宁波距离上海仅 250 公里，但我要说，如果在波兰的话，250 公里已经跨越半个国家了。而在中国，这只是很短的一段距离。当上海还是个小渔村的时候，宁波已经是一个港口城市了，但后来，上海的发展超越了宁波。宁波方言类似于上海方言，但仅说普通话的中国人也很难弄明白这些方言中一些特定词汇的意思。我完全听不懂这种方言，而我的岳父母只会说宁波话，这导致我们的沟通常常有些困难，但一切都有好的一面和坏的一面。

在我和菲菲刚认识的那几年，宁波还不像现在这样，有那么多提供给年轻人的娱乐。于是，我经常和菲菲去上海玩。虽然我们来自两个不同的世界，但我们的喜好、工作习惯和放松方式并没有太大区别，或者说，我们天生就是一对，就像被切开的两半苹果。在全球化的时代，世界各地年轻人的生活方式和消遣方式都非常相似。从我的观察来看，在家庭价值观方面，中国文化与波兰文化也非常相似。我喜欢中国儒家传统，即每个人都应该为不断进步而努力。这种相似的价值观使我决定向菲菲求婚，我想和她分享我的生活。从她的眼里，我能看到一个男人渴望在女人眼里看到的一切，我能感觉到她也很爱我。

我甚至没有弄清楚中国的订婚习俗是什么，因此没有按传统给她送上求婚戒指，而是送了她一个镶金的琥珀吊坠。来自波罗的海深处的琥珀是属于波兰的真正宝藏，这个在水底沉睡了数百万年的琥珀就应该戴在我未婚妻的脖子上。

与菲菲的婚姻让我开始了解之前我所不知道的中国文化——家庭日常生活。这对我来说是一种全新且有趣的体验。我开始慢慢学习宁波方言，这让我可以越来越直接地与岳父母沟通。让我很开心的是，在中国，人们仍然注重传统的家庭观念，孩子的抚养不仅能够得到祖父母的支持，远房亲戚甚至邻居也会给予帮助，这就构建了一种"共同体"。而令人遗憾的是，在西方文化中这种方式正在消失。我们波兰人在这方面被视

华星中波公司团队合影（右 3 为帕维尔）

为欧洲的"遗珠"，我想也正是这一点拉近了中国人和波兰人之间的距离。家庭对我们来说最为重要。如今，我的家人在宁波，尽管我们仍两地分居。

读者们肯定想知道我为什么不在宁波找一份工作，我只能说，有时候你会收到很难拒绝的邀请。我和菲菲于 2015 年 5 月 24 日在中国结婚，婚后不久，我们于 6 月前往波兰，在我的亲友见证下举行了波兰婚礼。就在这次回波兰期间，我受邀与波兰华星资本集团总裁进行了一次谈话。一些人的魅力是让人难以抗拒的。总裁身上散发着企业家的精气神，他谈到了公司在中国的经营活动，他的讲述让我渴望成为这个叫作华星的"机器"的一部分，特别是我将参与从头创造一些全新的东西。于是，我成了公司在北京的商业代表处的总经理，实际上是一家正在注册过程中的新公司的负责人。好在菲菲和我一起参加了在华星公司的谈话，事实上决定也是我们一起作出的，毕竟我们已经相约共同度过余生。2015年 9 月 1 日，我成为华星公司的正式员工，我有一个月的时间来了解公司各个部门。令我惊讶的是，公司员工中已经有两人会说中文，这使我

艾菲（左）难得和波兰小朋友一起玩，她不舍得与爸爸同事的女儿卡罗琳娜分手。

确信，总裁正在为拓展中国市场打下坚实的基础。回到中国后，我全身心地投入与新公司注册相关的事务中。对我来说，这才是人生中一所真正的学校。

此时，在宁波，还有一个更重要的信息等着我：我快要当爸爸了。是的，2016 年，我的生活天翻地覆。我不得不奔波于北京和宁波之间。新的公司需要倾注大量精力，而我的妻子，如同每一位怀孕的准妈妈一样，也需要照顾。幸运的是，我们生活在 21 世纪，尽管只能通过微信，但我们每天都能"见到"对方。就这样，10 月 16 日，我的女儿伊丽莎白（中文名艾菲）出生了。女儿有着得天独厚的中波基因，金色的卷发和大眼睛让她在波兰并不会被认为是外国人，而在中国，只是偶尔有人会问：你们对她的头发做了什么？给这么小的孩子染头发会不会有损健康？人们对我女儿的好奇显然没有使她感到厌烦，我很高兴一个三岁的孩子能够这么开朗。父女关系成为我生命中一个新的组成部分。我自己有三个哥哥，所以我不想让艾菲成为独生女。特别是看着她漂亮的小脸蛋，我觉得这种混血基因真是太完美了。小艾菲的中文已经说得比我好了，宁波方言更不用说。这也没什么奇怪的，毕竟她是外祖父母的掌上明珠，和他们在一起的时间很多。从我的这方面来说，我尽量让她也能与波兰的祖父母沟通，所以我和她交流基本上都说波兰语。艾菲的到来给我们带来了无限的欢乐，也给我们的生活赋予了新的意义。她让我和妻子获得了真正的成就感。我必须承认，我十分感激我的太太，感谢她承受的苦难和作出的奉献，使我们获得了艾菲这个巨大的礼物。当女儿来到这个世界上之后，与她相处的每一刻都让我觉得是某种奇迹和上帝赐予的礼物。

周末过后，我不得不心痛地与家人道别返回北京，但是，这种工作职责的规律性也让我得以在每个周六到来时都能回到她们身边，拥抱我的妻子和女儿。

一周的时间对我来说过得很快。华星中波（北京）矿用设备及工具有限公司在中国市场的起步一帆风顺，这是由于总公司为分公司的发展奠定了基础，同时也要归功于我们这支出色的团队。我相信我们所做的一切都会有好的未来。我开心地面对每一天，不断迎接新的挑战。每天和我精诚合作的同事也一直在证明着波中之间的友谊，不然我们这家公司也不会存在。同时，我也在思考让菲菲和艾菲到北京来生活，我希望这一设想能早日实现。

我的父亲马尔采利·布尔德尔斯基在波兰是一位研究远东政治的知名专家。他可能也从未想过会有一个波中混血的孙女，从未想过他到中国出差时还能顺便看望自己的儿子一家。这让他到亚洲旅行充满了新的意义。对他来说，亚洲特别是中国与他的距离也更近了。

中波搭建的翻译平台

芮兆龙 （中波轮船公司翻译）

自 1971 年进入北京外国语大学学习波兰语开始，我便与波兰结了缘。1975 年，全班能毕业的 14 位同学中，有 11 位分配到中央和国家机关有关部门工作，而我和另外两位则由交通部直接分进中波轮船股份公司。

在北外求学时，由于众所周知的原因——当时中国与苏联、波兰及东欧社会主义各国的关系十分紧张，除维持双边有限的易货贸易外，政治、文化等领域是冰冻三尺，几乎没有什么人员来往。我们能听到和看到的，都是媒体宣传的反修、防修的文章。进大学不久，就听老师们讲，自 50 年代末至今，中波政治关系逐步迈入寒冬，要说双方有人员互动，且还是合署办公，那只有位于上海滩的中波公司了。从听到中波公司的单位名称起，我就对中波产生了极大兴趣，时常暗自思忖：不留恋北京的"上层建筑"，若能到"经济基础"的中波公司，那将是人生中的重大转折。我梦寐以求的到中波的愿望实现了，当时的喜悦心情是难以用语言来形容的。我的庆幸是有原因的——中波的门很难进。后来，我参加中远系统委托上海海事大学国航系为期一年的培训时观察到，当时该校只有特优生才有希望进中波公司。原中集集团某位副老总几次对我说，他毕业前眼睛直盯着中波公司，可惜还是有缘无分，最终与中波擦肩而过。当然，到上远（上海远洋运输有限公司）也很好。

光阴似箭，不知不觉我已在中波公司工作了近 36 载，其间三进三

1951 年 6 月 26 日，中波公司成立初期，员工在公司大楼前合影。

出航运部门。工作时间久长，经历和体会自然较多。36 年来，我从事过大量翻译工作。早年和如今翻译的主要任务是：在总公司，每年组织两次波方员工和家属在中国境内多日游；在分公司，同样每年组织两次中方员工和家属及中方船员到波兰各地数日游。我经常陪总公司波方员工和家属去上海华东等医院求医；在分公司，经常陪中方员工和家属及船员在三连城各家医院就诊。参加总、分公司双方总经理业务会谈，早年每周有一至两次。我也参加经理部门接待国内外港、航等单位的领导来访；陪同双方总经理拜访在沪各家单位，随双方总经理出访北京和沿海各港、航、外运等单位。我担任经理会议、财务决算审查会议、管委会和股东会例会的翻译，陪会议代表团去外地参观访问。公司还曾安排我参与中波公司大型庆典筹备或翻译，如承担江南造船厂建造的"李白"型四艘船下水和交接仪式的翻译工作；总公司 40 和 45 周年庆典时，前一次是翻译，后一次当行政科长；在分公司当办公室主任时，我与米克斯塔茨基共同操办了 50 周年大庆，与扎瓦茨基携手承办了 55 周年庆祝活动。我还多次被临时借调为交通部、中远集团和上海市等单位的许多领导接见或陪同波兰贵宾视察中波公司当翻译。早期，我也多次参与中波公司双方和天津天海公司联合举办的邀请相关合作单位参加的大型联

1962 年 2 月 24 日，南迁上海前中波公司职工合影留念。

谊会。我多次被上海市外办等单位临时借用，其中两次直接参与接待波兰党和国家领导人访问上海活动。我在波兰工作期间，曾四次为外国政要当翻译。

2004 年 6 月 8 日至 10 日，应波兰共和国总统克瓦希涅夫斯基的邀请，国家主席胡锦涛对波兰进行国事访问，这是中国国家元首第一次访问波兰。驻波使馆对这次接待高度重视，除使馆约 20 位外交官中的大多数参加接待外，还安排时任中波分公司办公室主任的我和《人民日报》驻华沙记者金钊、北京外国语大学在波进修教师茅银晖博士及纪懿轩硕士一道参加接待高访团。

这次参与接待胡主席访波，我对自己直接操办的两件事印象深刻。第一件事发生在波兰总统府，克瓦希涅夫斯基总统与胡锦涛主席会谈尚未拉开帷幕，我和徐顺军副总厨师长将为参加波兰总统宴会准备的半成品中餐食品带进总统府的国宴餐厅时，引起波兰安保人员的警觉。他们问我，这几只金属箱子里装的是什么东西？我答，是为中方贵宾参加国宴准备的中国特色食品。驻波使馆曾就此事与总统办公厅的礼宾官联系过，但波方礼宾官未与国安官沟通。他们以对带入的宴请食品须进行卫生检验为由，要我们申请卫检官到场。天呀！再过一个多小时，克瓦希涅夫斯基总统的欢迎国宴将在隔壁金色大厅举行，时间这么紧，安排卫检根本不可能，再说就是要检验，我也必须打破常规，直接请示苑大使决定。这时，苑大使刚到隔壁会议厅，参加胡主席与克瓦希涅夫斯基总统会谈，我无法与他电话联系，当时急得真像热锅上的蚂蚁。经过一番脑筋急转弯，我觉得需要智取。于是，我与国安官展开新一轮妙语周旋，还特意请总统府的波方后勤部门主管领导一道说情。后来，他们问这些食品从何处运进的，我说是从凯悦饭店运来的。他们认为凯悦是国安部监控的饭店，是诚信单位，也就同意免予卫检了。我这才松了一口气。虽然被国安官们纠缠了半个多小时，好在徐顺军技高手巧未误事，在波兰总统举行的国宴上，每道中餐与波方上的西餐配得很默契。当晚，我将这件事处理的前因后果通报给苑大使，他听后表示满意，说我在启动应急预案措施、处置突发事件上有经验。

第二件事发生在克拉科夫，波方在 9 日晚宴后，赠送给某位领导一本波兰天主教圣经。这位领导对教皇保罗二世和波兰天主教有一定研究。当晚全部活动结束返回宾馆时，他特意把书通过苑大使交给茅参赞，提请克市的波兰大主教在书上签个名并加盖波兰天主教大印章。次日一大早，茅参赞随即电话通知我立刻去大教堂办理。这时刚刚早上 6 时 45 分，我正准备去餐厅用自助，接到茅参赞指令交办的圣书后，马上乘警卫车赶赴市中心大教堂。我一进教堂就直奔大主教处，说明为中国高访团办事来意后，大主教的一位助手告诉我，斯特凡·维辛斯基（Stefan Wyszynski）刚刚徒步离开教堂几分钟。由于克拉科夫家家都知道胡主席到访克市，我恳请几位神父引路，帮助四处寻找。他们也为有机会

中波公司"帕兰道夫斯基"轮驶过上海外滩。

给中国国家主席访波团出力感到高兴，很快就在附近请回大主教入堂。维辛斯基顺手拿起一支粗笔，大笔一挥签上自己的姓名，他的助手接着加盖了波兰天主教的蓝色印章。我拿到签过字盖好大圆章的圣经，实在顾不上弯腰鞠躬致谢（事后觉得有点失礼），就快速乘车返回喜来登饭店。这时已是上午 7 时 50 分，我把书交给茅参赞后，也来不及享用早餐，从餐厅拿了两个馒头就回房间收拾行李，因为 8 时 15 分要准时乘车离开喜来登饭店，去小波兰省军用机场欢送胡主席一行飞往出访的第二站——匈牙利首都布达佩斯。

2007 年 5 月 24 日至 26 日，应波兰共和国众议长多恩邀请，中共中央政治局常委、全国人大常委会委员长吴邦国率团访问波兰。我再次参与使馆接待和翻译工作。25 日上午，驻波使馆安排吴委员长等主陪领导在华沙凯悦饭店接见驻波使馆、中资机构、华侨华人及留学生代表，

2011 年 3 月 28 日，中波公司"太阳"轮在印度坎德拉港成功自卸两件尺寸2623×730×445（厘米）、重 501440 千克的化工设备，创下该港船舶装卸新纪录。（摄影：茅孝龙）

并合影留念。考虑到中波公司在中波两国的知名度很高，经过一番思考，就合影排位的问题，我先征得分公司中方领导同意，再向时任驻波使馆负责高访团接待总协调的政务参赞朱洪海提出了合影时让中波人站在第一排的建议。朱参赞当即答应我的请求，并提了几点注意事项，说要把好事办好。事后，大家从拿到的照片上看到，中波分公司全体中方员工和家属参加合影时不但站在第一排，而且还是第一排的最佳位置，即全部贴近首长和主陪领导。对此，在一次会议上，分公司中方领导说我为中波公司立了一功。此话显然有些过分赞扬，但我确实做出了自己的努力。合影前，当全国人大内务司法委员会副主任委员黄镇东向吴委员长

中波轮船公司波兰分公司老办公楼

介绍中波公司员工时，吴邦国满面笑容地说："我在上海工作了20多年，中波公司我熟悉，中远公司我也熟悉。同志们辛苦了！"吴委员长热情洋溢的简短几句话，令我们在场的中波人倍感亲切和鼓舞。

在总、分公司工作，我有一个得天独厚的条件，那就是通过波兰报刊、广电、互联网等媒体和人际交流，随时捕捉波兰等国吸引眼球的信息。为使中国人了解第一家中外合资企业——中波轮船股份公司，了解波兰和其他原东欧社会主义国家的政治变迁、经济发展、文化遗产和民俗礼仪等情况，自1987年开始，我曾以芮兆龙、照隆和观兰署名，编译或撰写文章，先在上海《新民晚报》等国内十余家报纸和《支部生活》小半月刊上发表过几十篇报道波兰等一些国家的新闻稿件；后在多家杂志上刊出以介绍中波公司和波兰为主的30多篇作品。通过多年的实践，自我感觉翻译水平有长足进步，但要按"上知天文地理，下晓鸡毛蒜皮"

的要求，那还是相差甚远的。外事翻译靠的是外因和内因相融合，这外因就是依靠组织给予的实践机会，否则将一事无成，因为个人的力量实在渺小；而内因就是刻苦学习，奋力打拼，语言的转换来不得半点虚伪，也找不到什么捷径可走。

我见证了中波 36 个春秋变化的全过程，大致可以归纳为：1975—1984 年，受我国政府政策和中外运充足货源双重支持，中波在经营上继续维持无忧无虑的态势；1985—1990 年，随着我国与原东欧国家的易货贸易逐年减少，中波开始加强在亚欧市场揽货的力度，在此期间实行双轨并行制；整个 90 年代是在商海与狼群、虎群搏斗期，随着中波和中外运由亲密、依赖关系变得疏离，航运主业效益急剧下滑，多年处于亏损边缘，加上船舶老龄化，真可谓雪上加霜，广大船岸员工曾表露过不少忧虑，这是中波公司经营史上最艰辛的时期。

2002 年至今是中波公司的辉煌期，连续多年取得喜人业绩。尤其是 2008 年，航运市场出现突如其来的剧烈大波动，当国内外许多航运公司深陷寒冬时，中波公司却一枝独秀，在波动中顺势而为，在危机中乘势跨越，取得了令人满意的经营效益，简直是个奇迹。

每当我散步在外滩亲水平台，抬头远眺工商联大厦顶部巍然屹立的中国驰名商标"C-P"时，总有一股暖流涌进心间；目光再向右转到中山东一路 18 号那幢几代中波人同舟共济 45 载的春江大楼，又引起我对往事的诸多回忆。我坚信，中波公司必将前程似锦，中波之光必将永放光芒！

一片丹心在玉壶

——2019 年春节拜访齐焕武大使

文　可（波中工商业联合会会长）

认识波兰前驻华大使齐焕武先生（Zdzislaw Franciszek Goralczyk，1994—1999 年任波兰驻华大使）已经有十多年了。至于如何认识的他，是通过朋友介绍还是其他途径，我现在怎么也想不起来了。只依稀记得，我们先是在不同场合碰面，这其中有中方组织的，也有波方组织的各种中波交流会议。这都是些大场面，难得有单独交流的机会。

有两个比较清晰的事件，拉近了我们的距离。一个是由陈昊苏会长率领的中国人民对外友好协会代表团访问波兰时，齐大使作为波中友好协会会长，负责全程接待工作，我们得以在波兰北部的革但斯克见面。一个是波兰的德意志银行委托我们举办中国投资研讨会，我们力邀齐大使出席，他也在大会上作了热情洋溢的发言。通过这两件事，我们拉近了彼此的距离，他也经常光顾我们商会在华沙的办事处。前几年，他的儿子被任命为波兰驻华使馆的商务参赞，他特意致电要我们帮其在中国开展业务。我们后来也的确帮他的儿子联系了不少国内的单位。

2019 年中国农历春节前，我们有一个投资代表团访问波兰，行前，他们提出想见一下波兰政界人士。我们想到了中国人民的老朋友齐大使。通了电话，初步定下日程后，他又反反复复来了十几次电话，让我们不禁怀疑：齐大使是不是得了老年痴呆？等到见面时，齐大使已穿上正装，

文可与齐焕武大使（右）
合影

打上领带，在楼梯口迎接我们。还是职业的微笑、职业的握手，我们的
担心冰释了。

齐大使的居室 300 多平方米，前面有座小山，冬天可以滑雪，山
下还有小湖。有山有水，这在中国算是上等风水，更重要的是居室布置
全部中式。不仅仅是红木家具，更主要的是墙上挂的一幅幅画，凸显出
主人的文化品位。说起家居布置，齐大使突然神色黯然："太太去年去
世了，整整 60 年里，所有家务均由她一人操持。"太太的离去，让齐
大使颇感不适应，一年来整日以泪洗面。"你们是我太太去世后，我见
的第一批中国人。"

齐大使的太太是中国苏州人。上世纪 50 年代，齐大使在北京留学时，

对隔壁学院的一名女生一见钟情。虽然他们私定终身，但问题接踵而至。那时的中国，申请护照难之又难。为此，齐大使也是急得像热锅上的蚂蚁，团团转而毫无办法。好在功夫不负有心人，1957年周总理访问波兰，齐大使忙前忙后做翻译。访问即将结束时，周总理问齐大使："小伙子，在中国有什么事情吗？"于是，他连忙说了申请护照之事，周总理"哦"了一声，点了一下头。太太的护照问题很快就得以解决，她跟随齐大使回到波兰，生了一双儿女。女儿Lily，曾在上海中波轮船公司工作；儿子Robert，2012—2015年任波兰驻华大使馆商务参赞。

齐大使今天特地让女儿来，在茶几上摆满了糖果和糕点。入座后，我们一行均不停赞美大使的居室。"怎能不喝酒？"齐大使让我从酒柜中拿出一瓶芝华士，伴随我们的碰杯声，他说，这一切得归功于我太太，随即用手抹去脸上的泪珠。

齐大使前后四次在波兰驻华使馆工作，从随员开始，一直到90年代成为大使。齐大使指着墙上的相片，从同周总理合影开始，到与邓小平、江泽民、胡锦涛的合影，他对满墙的中国领导人合影如数家珍。齐大使指着照片，沉浸在对往事的回忆中。慢慢地，他脸上放着光，忽然飘出一句："没有了太太，中国我是不去了。""我出身贫寒。读中学时，我被选中学习中文。这样，我慢慢地成了职业外交官。得感谢这种制度，使我有了这种机会。在北京时，我是驻京外交使团的活跃分子，那时老布什是美国驻华联络处主任，他注意到我，渐渐地我们成了好朋友。"

齐大使在驻华使馆工作的前三任期内，中国和波兰同属社会主义阵营。期间，中波之间最主要的事件是在华沙进行的中美谈判。中国导弹之父钱学森从美国回国，便是中美华沙谈判的成果之一。90年代，齐大使出任驻华大使时，中国和波兰又都是改革的两个不同样板。

酒过几巡，看着父亲谈话正浓，女儿Lily起身告辞。原来是因为我们来，齐大使才叫女儿来帮着收拾。临走时，Lily不忘让我们转达她对在中波轮船公司工作时的老同事的问候。不知不觉中，四个小时过去了。我们起身告辞时，齐大使一一握别："真希望有中国同志来，也可以住在这里！"同我握手时，他说："问候我们在中国的朋友们哦！"

今天是中国农历的年初三。看着大使落寞的背影，体会他对中国的情谊，突然，那句唐诗浮上心头："洛阳亲友如相问，一片冰心在玉壶。"新年里，祝福大使！

齐大使今年85岁了，我们唯有多多促进中波关系的发展，才是对他最好的祝福。这样想着，也是对我们的鞭策。

缘分

司徒静 （中波翻译）

2009 年，正在读大三的我读到了一本书，作者爱德华·卡伊丹斯基是 1925 年在哈尔滨出生的一位非常著名的波兰汉学家。曾担任过波兰驻广州总领事的他，对中国怀有深厚的感情并创作了多部关于中国的著作。谁能想到，他以笔名 Aleksander Franchetti 出版的小说《西藏公主》，竟使我的生活经历了如此的沧桑之变。

作为一名中文系学生，我当时正准备申请去中国留学的奖学金。这本书除了有趣的情节之外，令我感兴趣的还有故事的发生地——中国东北，以及激发情感和想象力的一系列地名：哈尔滨、松花江、阿什河、一面坡等。凭借这种情感，我把哈尔滨视为理想中的留学城市——那时，除了书上提到的几条信息外，我对这座城市一无所知。不过，我内心里觉得这一地区很神奇，对我有一种莫名的吸引力。

我很幸运地获得了中波两国政府提供的奖学金，并如愿以偿获得了在黑龙江大学留学的独特机会。临来华之前，我开始做功课，研究中国历史。出乎意料的是，哈尔滨这座城市果然从创建之初就与波兰人有着紧密的联系，波兰人留下的印记随处可见！

20 世纪初，波兰人不远万里来哈生活并参与其城市建设。如今，哈尔滨还保留着记录他们生活、工作的宝贵遗产。松花江铁路桥、糖厂、烟厂、天主教堂等历史建筑，都见证了波兰前辈在哈尔滨的生活。近万名波兰人和波兰籍犹太人曾在这里与中国人民友好相处，建立和开展社团、宗教活动，从事工商、文教事业，同时也为哈尔滨城市的国际化和文化的多元化发展发挥了积极的作用。对他们中的很多人而言，哈尔滨是避难所和避风港。翻开历史课本时，我怎么也想不到，多年后，哈尔滨也会成为我的"第二故乡"。

在黑大留学是非常完美的一段时光。我很喜欢自由自在地穿过哈尔滨老城区，漫步在松花江边，到处看看，寻找更多与波兰有关的遗迹。人们的热情态度以及对波兰的好感让我意识到，这座城市似乎是全中国与波兰最有缘分的。此外，就气候、饮食习惯、思想等方面来说，我感到在这里生活非常舒服，我没有水土不服，似乎也没有来到异国的感觉。路上碰到的人都非常友好，他们经常把我错认为俄罗斯人，用俄语和我打招呼，而当我跟他们解释清楚后，他们仍然很热情，且总是表现出对波兰或多或少都有所了解。看来，对哈尔滨人而言，波兰是一个很亲切的国家，他们对我们很有好感。

在此期间，除了认识很多来自世界各地的同学和朋友，进修汉语，研究我毕业论文的主题——满族萨满教以及品尝可口的东北菜之外，更重要的事情也在此发生：我认识了我未来的丈夫。作为一个在中央音乐学院作曲系读书的哈尔滨男孩，他的修养、艺术敏感度都挺吸引我。通过在犹太老会堂、松花江边、各种咖啡厅的约会和交往，我渐渐对他产生了感情。好在他心里也有了我，不久我们就走到了一块儿。此前我没想过会嫁给中国人，仅仅是因为喜欢上他，我才有了这样的命运。跟他有了缘分，我自然而然地跟哈尔滨也有了缘分。

结束在中国的留学时光，我回国继续完成学业。分别一年后，我到天津继续攻读第二个硕士学位，此后从事翻译工作，经常来往于两国之间。我非常热爱我的职业。得益于翻译工作，我有机会去许多难忘的地方，认识了许多有趣的人，参与两国之间的各类项目，见证中波各方面

司徒静（右）一家

合作落实。我到访过中国的许多城市，遇见的中国人都很热情。除了工作之外，他们每次都带我去参观当地景点、品尝当地特色菜，各方面都招待得非常周到。这也给我的工作注入了更大的热情和动力。无论是参加中国和波兰的各种展会、经济论坛还是企业考察，无论是接待各种代表团、考察团队还是友好城市来客，无论是为政府机构和领导、媒体、司法机构、大学和各种教学机构、市政府、著名文化人物还是私人企业做翻译工作，都让我感到非常快乐，而且能够帮助我提高语言水平，不断增长知识，更好地了解中国。随着时间的推移，尤其是"一带一路"倡议提出后，我很高兴地发现，两国之间的合作更加密切了。双方各类互访更为频繁，共同落实了很多计划，两国人民之间也更走近了一步。对一名翻译而言，这当然意味着有机会做更多有意义的事情。

我和丈夫邓越在经历了六年的爱情长跑后，于 2016 年完婚。我们在两边分别举办婚礼后，将家落在了哈尔滨。相比之下，这座城市充满艺术气质，这里的生活节奏、环境各方面都很好，生活质量高，让人感到怡然自得、轻松自在。2018 年，我们的宝贝女儿 Michalina（咪夏）

的出生，更让两边的家人喜气洋洋，不管是中国的爷爷奶奶还是波兰的babcia（外婆）和dziadek（外公）都非常喜爱。孩子十个月的时候，我们就正式回哈尔滨安居乐业了。宝宝很快就适应了新的地方、新的语言、新的面孔。她能够在如此美好亲切的环境中成长，让我很欣慰。她的成长本身就结合了两国的文化，我们要尽量让她掌握好两国的语言，将来成为中波友谊的使者。

谈到父母，我必须承认，接受我的婚姻对他们来说也不容易，但他们一直支持我的选择，始终没有反对。我还记得当初出国留学的时候，父母很不放心：离家这么远，在那边会不会受委屈？得知我找了中国的男友，他们心里肯定打鼓：会不会是个靠谱的人呢？怎么沟通？邓越的父母同样面临较大的挑战。他跟我一样，是家里的独子，选了一个洋媳妇，将来会是什么样呢？并不是所有的父母都能接受。

幸运的是，双方的家长都很包容。我父母到中国之后，说这里的发展情况和基础设施完全出乎他们的意料。在中国期间他们虽然没能掌握用筷子的技巧，可对中国菜倒是很喜欢，尤其是羊肉，平时爱吃素的妈妈简直是顿顿都想吃。我的公公婆婆来过波兰两次，一次是参加婚礼，一次是参加孩子百天的庆祝活动，他们同样非常喜欢波兰。他们赞美说波兰环境好，人的素质也不错，就是吃的恐怕不如中国多样化。总而言之，两边的亲人组成了一个完美和谐的大家庭，虽然语言不通，可还是能够很好地理解，互相有好感。

这一切经历，让我对中国产生了非常深厚的感情。通过最近十年间多次往返的经历，我见证了哈尔滨这座城市令人赞叹的快速发展。每次回来我都会惊讶地发现，又多了一些漂亮的建筑（哈尔滨大剧院便是最典型的例子），还有新建的一些社区。同时，得到保护和修复的历史建筑保留了城市的独特风貌，总会让我想起哈尔滨的历史。

作为新一代的波兰侨民，我非常希望能尽我所能，为两国的友好关系发展作出一些贡献。2017 年，哈尔滨举办了世界原居哈尔滨人交流大会，我作为波兰代表团的志愿者，为什切青哈尔滨人俱乐部做翻译。那次，我陪同波兰代表团一行参观中东铁路遗迹，如横道河子、一面坡等地，终于如愿看到了卡伊丹斯基书上所描述的地点。通过这次机会，我加深了对哈尔滨和波兰人之间渊源的了解。

一切都是从文学作品开始的，因此我觉得，对我这个热爱文学的人而言，除了这几年所做的商务、贸易、旅游、文化等方面的口译和笔译之外，翻译一部文学作品意义非凡。早在 2010 年在哈留学时，我接触到了著名作家迟子建老师的作品，觉得非常迷人，深受吸引。她的作品使我对中国北方文化、自然和历史的兴趣更加浓厚。此外，我觉得对波兰读者而言，中国东北地区是一片空白，波兰出版的文学作品很少提到该地区，这不能不说是一种遗憾。因此，得益于作者的授权和各方面的强烈支持与帮助，我翻译的短篇小说，同时也是迟子建老师的第一部波兰文版作品在波兰出版，亮相华沙书展并获得了良好的评价。这件事如同生宝宝一样，在我心里算是最为有意义的事情之一。

哈尔滨历史上是个中西文化交融、开放包容的移民城市，曾有 19 个国家在这里设立了领事馆或代表处，30 多个国家或民族的 20 多万侨民为哈尔滨的城市建设与发展、经济文化与社会生活作出过自己的贡献。波兰侨民作为其中很重要的一部分被载入史册。

我希望这段珍贵的历史能永远铭记在中波两国人民的心中，也希望两国人民能够深化相互了解，互敬互爱。我热爱哈尔滨这座充满着浪漫、音乐、友好的城市，希望能够继续见证它进一步的发展，也希望更多的波兰人来这里旅游。希望中国人民与波兰人民的友谊能够更加深厚，从而为今后双方在更广泛领域的务实互惠交流奠定坚实的基础。

缘分如此奇妙，让远隔万里的人成为伴侣。愿波兰和中国的友谊地久天长，不断焕发新的光彩！

合作篇

见证中国改革开放 40 年的变化

理查德·格雷茨奈尔 （中波轮船公司波兰分公司波方总经理）

万杨凯 译

　　我可以毫不犹豫地说，中国如今已成为一个世界级的强国。30 多年前，当我第一次来到中国的时候，怎么也不会预料到，这个我们称作"中的国"的国家会发展得如此迅速。而我会去那里，是因为我受雇于一家有着悠久合作传统的波中合资企业。必须承认，这种由两国政府共同出资并且和谐运营了近 70 载的公司并不常见。我也正是在这家公司里一步步地历练，直到当上了总经理。这就是总公司位于上海、分公司位于格丁尼亚的中波轮船股份公司，也就是人们熟知的"Chipolbrok"。

　　波兰人对远东国家的幻想往往始于（也止于）中餐馆。根据我的经验，如果在长途火车旅行中为了消磨时间去和同一车厢的波兰旅客搭讪聊天，那很有可能对方对中国的了解也非常有限。要说起对中国航海历史的了解，那就更少了，很多人甚至根本不知道。而我，却对这些知识很感兴趣。航海就像棱镜的一个侧面，能让我更容易看清历史的变迁。我只碰到过一次，有一位特别会讲罗曼蒂克爱情故事的旅客，讲过一个关于"郑石氏"的传说——她是一位 19 世纪初活跃在中国海上的女海盗头子，手下掌管着 1500 条海盗船，还有五六万凶狠的海盗。后来他还谈起郑和的故事——波兰还是雅盖沃王朝的时候郑和就已经数次出航，到达了南亚和东非的很多国家。他还谈及郑和从非洲为皇帝带回了长颈鹿，臣子们以为这是神话中的麒麟兽！"还有吗？"很可惜，一般

理查德·格雷茨奈尔在长城上留影。

在这样的追问下，搭话者往往就无甚可说了。普通人对中国快速的发展也有所了解，譬如在过去几年处于什么水平，但大多只知道个大概，讲不出子丑寅卯。放下过去，中国当代史同样值得研究一番，因为这个国家在国际舞台上正扮演着越来越重要的角色。这将使我们更好地了解并评价这些年中国所取得的成就。

新中国在朝鲜战争爆发后被施以贸易禁运以及海洋封锁，这导致很多货物无法到达中国港口。更严重的是，当时中国大多数船只都已开往台湾，不受新中国政府的管辖。社会主义阵营为缓解新中国的困境，决定向其伸出"兄弟般的援手"，创立一家特殊的航运公司。就在这家公司成立20多年后，我在这里找到了一份工作。1951年公司成立之初确立的合作模式，如"基石"一般，被中波双方公认为是企业文化之魂，沿用至今，不曾改变。公司股份由双方平分持有，任何一方都不占多数，

CCTV-4《远方的家》栏目"走访中波轮船公司旧址"专题节目中，理查德·格雷茨奈尔与中方总经理戴晓总（左）一起为记者作讲解。

这样就决定了公司的所有决策都需要双方协商一致达成共识。这看似单调乏味，但通过公司近 70 年的运作证明，这种体系不仅可以完美运作，还保证了公司安全且可持续的航运经营。

对于中国（有文字记载的历史就有数千年）而言，20 世纪上半叶可谓历经磨难。首先爆发了辛亥革命（有人说，也叫"铁猪年革命"[1]），之后清王朝被推翻，中央集权体制迅速瓦解，许多省份宣布独立。然而，人们依然饱受前朝与西方列强签订的条约所带来的殖民剥削，社会矛盾不断激化，日本入侵不断扩大，国内军阀斗争也愈演愈烈。之后抗日战争爆发，根据相关数据，中国的伤亡人数达到 2000—3500 万。日本投降后，中国人却没有立刻过上和平安定的日子，马上又开始了四年的国共内战。这个简短的概要只为展现当时现实的残酷（我这个版本省略了很多重要的内容，要是在学校肯定会不及格的）。当 1949 年 10 月 1 日新中国成立的时候，这个国家千疮百孔、百废待兴：国家刚遭受战争的摧残，无数人失去了生命；台湾被国民党统治，南方的战事还在持续；国家重建需要万众一心，但马克思主义思想还没有被广泛接受；医疗体

---

1 辛亥革命于 1911 年 10 月 10 日爆发，时为宣统三年八月十九日，藏历第十五饶迥铁猪年。

系尚未建立，人们的人均寿命非常短；国民识字率十分低下。政府还需要与腐败作斗争，同时满足居民的物资供应。与此同时，工业的缺乏、贫困以及乡村的落后也让新中国的发展举步维艰。如果有谁读过几年前再版的保罗·雅显尼慈（Pawel Jasienicy）于 1956 年游历中国后写的游记《长江上的国度》（*Kraj nad Jangcy*），就会清楚地明白我在这里所描绘的画面。

那时，由我们的船舶运送的货物经常是出现在中国港口的仅有的洋货。这也是为什么首批挂靠的船舶受到极其热烈的欢迎并被赋予了无上光荣的历史意义。我想，我们公司对新中国的发展所作出的贡献和她的地位都是难以估量的。多年以后，航运情况逐渐好转，越来越多的船务公司和船舶可以顺畅地进出中国港口，但毋庸置疑，中波公司作为新中国第一家中外合资企业，在几十年前就已敢为天下先，是中国航线的开拓者。

经过 20 多年的发展实践以后，中国政府提出要切实地以经济建设为中心。正如一句著名的中国谚语所说，"不管黑猫白猫，抓到老鼠的就是好猫"，社会主义也可以搞市场经济。逐渐地，意识形态与经济分离开，混合所有制企业被允许成立，国家工业水平逐步提升，公路网纵横交错，铁路线四通八达。中国大规模地培养科技人才，正是他们的不断涌现，让中国在短期内成为世界级的工业产品供应商。同时，简易的中国制造也逐步向高科技的中国创造转变。中国的电子科技产业就是一个很好的例子，如今，中国自己的高科技产品出口全世界，在世界上任何一个科技高度发达的国家都畅行无阻，任谁只要去商店里转一圈就能发现这一点。

值得一提的是，很多从中波公司成立之初就在此工作的中方员工，后来在中国国有的航运企业里担任了重要的职务。如今，中波公司在员工合作培养方面不再像过去那样闻名遐迩，因为中国已能够培育出一批批自己的海事专家，而中国船东在世界上更是数一数二。在老一辈的记忆中，波兰为中国远洋事业的发展所作出的贡献是不可磨灭的，但这些在年轻一代看来已不再那么理所当然，他们和我们的想法已经相去甚远。

中国飞速的发展有目共睹。由于工作原因我经常出差去中国，我可以完全负责任地证明，每一次去，我都在那里看到了更好的变化。虽然我不知道到底中国人是不是生活得更轻松了，但他们肯定享受到了他们的父辈、祖辈所没经历过的繁荣。过去在外国人眼里还代表着中国形象的成千上万辆自行车，已经被现代化的轿车取代。便捷的高速公路让我们心生羡慕，更别提那些标准化的基础设施了，比如连接上海和宁波的杭州湾跨海大桥（35 公里），还有连通上海与从零建起来的洋山深水港之间的东海跨海大桥（32 公里）。关于中国现代化的铁路网，甚至不用给那些对远东毫无兴趣的人去刻意介绍，只需提示他们想想法国的 TGV 高铁。新兴住宅区如雨后春笋般在全中国拔地而起。若不是在中国待过多年的人，恐怕很多曾经去过的地方都会认不出来了。如果要说整个中国看起来都像北京、香港和上海一样繁华，那肯定是夸大其辞了，中国还有很多地方正在等待发展的契机。但不可否认的是，中国在世界艳羡的目光中实现了飞跃式的发展。

中波公司成立之初，双方股东投入的船舶都是些老龄船。后来，公司逐步推进船舶更新规划，有效降低了船队的平均船龄。近十几年来，公司所有的新造船合同都是与中国的造船厂签订的，这不仅基于中国船厂的价格优势和优秀的技术水平，还有中国银行优惠的贷款条件。经济也是棱镜的一个侧面，而这在我看来又可以称得上是中国经济快速发展的再一个例证，我用我整个的职业生涯见证了这一切。中国如今的发展成就相当振奋人心，只有那些不情愿的人才会否认这一点。如标题所述，中国改革开放 40 年硕果累累。

从中波公司自身来看，中波两国来自不同文化背景的双方员工精诚合作 67 年，成果着实令人鼓舞。而且我们深信，中波公司的这种合作模式能够广泛地推广开来，成为其他更多想加入"一带一路"倡议的国家的榜样。我们是一个鲜活的例证，证明了与中国的合作能够促进双边协同发展，更能够长盛不衰。在此，我不再继续展开讨论，仅仅补充一点——"16 ＋ 1"合作框架下的海运事务秘书处就设在华沙，这个决定的意义绝不简单。

身在格丁尼亚分公司的我们对习近平主席两年前访问波兰时发表的讲话深以为然，他说："推动中波友谊航船沿着互利共赢的航道，向着中波关系、中国—中东欧国家合作、中欧关系的美好未来全速前进。"这不仅是指在中波公司内部我们的合作将更加紧密，更表达了波中两国之间全面加深合作的愿景。那——正如一位知名作家 [2] 说的——将会是另一段传奇。

---

2 译者注，指鲁德亚德·吉卜林（Rudyard Kipling），英国小说家、诗人。

刚毅坚卓，礼义仁智
——记中波公司

仲 波

　　中波轮船股份公司（以下简称"中波公司"）是 1951 年 6 月 15 日成立的新中国第一家中外合资远洋运输企业。伴随着共和国的成长，中波公司经历了初创时期的艰难困苦、发展时期的励精图治、转型时期的彷徨徘徊，在历代党和国家领导人的亲切关怀和指导下，在新世纪实现跨越式发展。中波人怀着对党和国家的赤胆忠心，用鲜血和汗水打破了建国初期帝国主义对华的禁运封锁，建立起共和国自己的"海上铁路"，拉开了新中国远洋事业的序幕，为中波两国的建设事业和贸易运输作出了巨大的贡献，为中国远洋事业的发展培养了一批批优秀的航运人才。进入新世纪，中波公司秉承优良传统，解放思想，开拓进取，立足自身优势，以"建设世界重大件设备货专业化运输企业"为战略目标，同心协力，拼搏进取，实现了跨越式发展，一举成为世界重大件运输领域的领先企业。

伟人的关怀

　　作为新中国第一家中外合资企业，中波公司从孕育到发展，始终受到来自中、波双方政府的支持。毛泽东同志在交通部递交的有关中波公司成立初经营状况的汇报文件上批示"好好办"。周恩来同志亲自为中波公司定下"平等互利，协商一致"的办企原则，并确定了公司的名称。

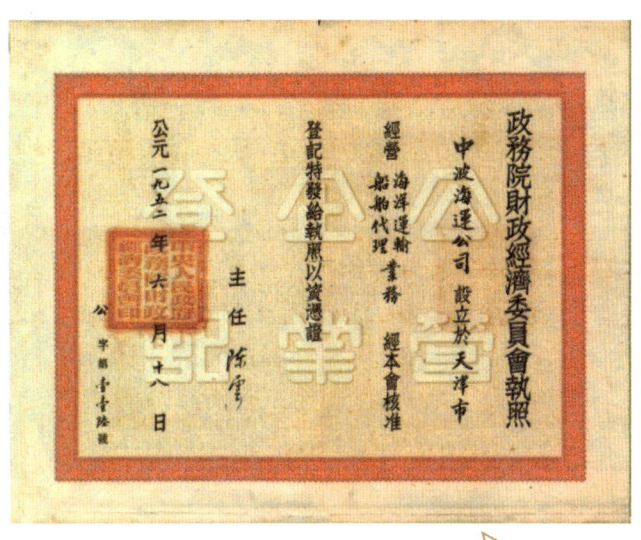

新中国第一家中外合资企业——中波海运公司（1977 年更名为中波轮船公司）的营业执照

时任政务院副总理兼财政经济委员会主任的陈云同志亲自签发了公司的营业执照。周恩来总理 1957 年陪同波兰部长会议主席西伦凯维茨奇视察当时设在天津的中波公司，与双方职工站在一起的合影照片是中波历史的最经典瞬间。胡锦涛、江泽民、李鹏、朱镕基……共和国的几代领导人都视察过公司并留下亲切指示和谆谆教诲。68 年来，波兰历届总统和部长会议主席以及国家运输海洋局的部长访问中国或中国国家领导人访问波兰时，都会专程视察中波公司。

肩负使命而来

中波公司是肩负着"建设海上铁路"，打破封锁、打破禁运的使命而建立的。就在公司成立的 27 天前，联合国在西方敌对势力的操纵下

1957 年，周恩来总理陪同波兰部长会
议主席西伦凯维茨视察当时设在天津
的中波公司，与双方职工一起合影。

通过了对华海上禁运案。1950 年，大局初定的新中国海疆依旧危机四伏，
蒋军占据台湾窥伺着内陆，美国又悍然发动了朝鲜战争，派第七舰队封
锁台湾海峡。百废待兴的祖国实在太需要休养生息，太需要开展自己的
生产建设。但在当年物资匮乏、设备紧缺的状况下，光靠陆路运输的那
点运力无疑是杯水车薪。必须要有大吨位的船舶，必须要能跨越大洋，
将社会主义阵营友好国家的支援物资运回国内，让其发挥应有的作用！
在毛主席"建设海上铁路"的号令下，中波公司横空出世，在成立后仅
仅一年时间里就为祖国运回了 26 座工厂的设备。

海运人才的摇篮

1952 年，20 多岁的臧维宏正在南京海训班培训，他将登上中波公
司的万吨巨轮跨越大洋，同操着波语、英语的波籍船员一起经历海上的
风浪，成长为新中国第一代远洋人才。在此之前，他只有小学文化，只

中波公司轮船正在吊运火车机车。

在沿海的运输公司干过，工作过的船舶最大载重量不超过 200 吨。但凭着一腔热爱祖国、建设家乡的赤诚和中波人不畏艰苦、脚踏实地的精神，经历十年海上生活的磨炼，臧维宏成长为技术娴熟、心思缜密、能够用英语和波语进行工作对话的远洋船长。后来，他被派往大连，参与筹建大连远洋公司，并担任该公司的副总经理。回忆起自己的这段人生航程，他由衷地感叹：中波公司把我培育成才！中波公司 65 年的发展历程中，培养了许多具有扎实专业技能和宽广视野的航运人才，他们中的许多像臧老一样，虽然离开了中波这个摇篮，但在各自的岗位上继续为中国远洋运输事业而不懈奋斗着。

碧海扬波映丹心

中波公司的成立沉重打击了敌对势力对新中国的海上封锁，恼羞成怒的美蒋势力在台湾海峡和台湾周围的公海上对来往中国大陆的中外商船进行武装拦截，抢船抢货，有的船只甚至被击沉。1953年、1954年，中波公司"工作"号、"哥德瓦尔特"号先后被台湾当局军舰劫持，92名船员生死未卜。中波两国政府向台湾当局提出严正抗议。在国际正义力量的压力下，63名波兰船员被放回。同时，在国际红十字会协助下，有11名中国船员也被放回。其他18名中国船员从此下落不明，不知去向。

一转眼30多年过去了，改革开放的春风吹来海峡那边中波人的音讯。辗转回到祖国怀抱的船员让18人的故事大白天下。一名船员病死在狱中，另外17人受尽了人间的磨难。其中，刘学勇、姚淼周、周士栋三名船员辗转基隆、火烧岛监狱，带领船员们在狱中顽强抵抗，高呼"共产党万岁！新中国万岁！"英勇就义的悲壮故事成为中波公司历史上最震撼人心的篇章。三位烈士用鲜血表明了中波人投身远洋、爱国奉献的坚贞志向。

国际友谊的实践者

阿里山麓埋忠骨，海防港口祭英魂。中波船舶不仅冲破封锁，击碎敌对势力妄图扼住新中国海上命脉的险恶企图，也曾响应号召，披肝沥胆深入战区，为陷入战火的越南运送急需物资。至于帮助合作国波兰人民，中波公司更是义不容辞。1980年，由于东欧局势动荡，波兰国内发生经济困难，千家万户的厨房面临巧妇难为无米之炊的窘境。波兰政府请求中国给予支援，中国政府立即伸出援手，以无息贷款形式支援波兰5万吨冷冻猪肉。运输猪肉的任务，中波当仁不让。8月的上海，室外气温35摄氏度以上，而冷冻肉的装舱温度不能高于摄氏零下五度。当时参与支援工作的上海远洋老船长樊天胜形容：装冻肉像救火那样紧张！8艘冷冻舱装满冷冻肉的船舶在开往波兰途中，有很长一段航程沿着赤道西行，特别是要取道有"沙漠烤箱"之称的红海。连续三天，炙热的骄阳把船舶的铁甲板烤得可以煎鸡蛋，但冷冻舱里必须保持摄氏零

交通部关于追认刘学勇、姚淼周、
周士栋三名船员为革命烈士的通知

下 20 度的温度，这对驾驶、机舱带来的困难可想而知。当这些冻肉顺利抵达波兰格丁尼亚港，端上波兰朋友们的餐桌，有波兰主妇由衷感叹："中国人的心像天上的星星一样美好！"

实施"一个目标，两个转变"战略

当战火消散，专事生产的主题成为时代强音，中波公司开始回归经营创利的办企初衷。此时，中波人已经在计划经济体制下走过了整整 40 年。易货贸易的时代一去不复返，中波原先由政府间协议撑起的保护伞已经不适应市场经济的热浪，中波脚下的那片阴凉越来越小……行到水穷处，坐看云起时。面对转型的阵痛，中波公司领导班子没有畏缩不前，而是加强学习，广泛调研，采取多种有效措施，在市场经济模式下蹒跚而坚定地起步，为日后的发展奠定了基础。

进入新世纪，新一届公司领导班子承前启后，坚持按照企业自身的特点来确定中波的发展方向。善运重件、大件的长处和兢兢业业的船员队伍是中波在市场经济体制下蓄势撬起老牌航运企业崭新未来的杠杆。中波的这些优势与国际制造业对航运服务多样化的需求不谋而合。2002年初，中波公司紧贴全球市场发展趋势，提出了"一个目标，两个转变"的发展战略，即围绕打造世界一流重大件设备货专业运输企业目标，实现公司从传统件杂货向重大件设备货专业化运输转变，从欧亚航线区域性运输向全球运输转变。

"一个目标，两个转变"的发展战略打破了中波公司几十年来形成的经营思维定势，困难可想而知。在中波双方股东和中远集团的正确领导下，在全体船岸职工的共同努力下，中波公司通过加快船队结构调整、开辟全球航线、合理布局揽货网点、调整揽货策略、加快培养一支高素质的适应战略发展要求的管理团队和船员队伍等措施，逐步从货源减少、运费和利润下滑的传统杂货市场中抽身，全力进军全球重大件设备货运输领域，取得了显著成绩，开始了新一轮跨越式的发展。

打造专业重吊船队，实现跨越式发展

中波公司确定了"一个目标，两个转变"的发展战略后，船队的更新和结构调整迫在眉睫。2002年4月17日，中波公司双方总经理在上海船厂出席了公司四艘重吊船舶的开工点火仪式，标志着重吊船队建设正式启动。该类型船舶设计航速为19.2节，载重3万吨，每艘船舶配有两台320吨重吊，抬吊能力达640吨。新船以其"起重能力大、航速快、甲板宽、舱口大、箱式舱壁、可移动舱内甲板"等特点，尽显承运重大件设备货的特色和优势，可以挂靠不具备大型起重设备的港口，依靠船舶自身重吊完成重大件设备货的装卸，为拓展市场提供了新的空间。

中波公司重吊船舶"太阳"轮

2003年10月，中波公司新造3万吨级"太阳"型重吊船舶"弗·奥尔坎"轮首航开始，开启了中波公司从事重大件设备货专业化运输的新篇章。2006年，公司根据航运形势发展需要，对现有7艘船舶完成了300吨重吊改造。2009年，公司再斥巨资在中远大连船务建造6艘同类型重吊船。2011年底，所有新造船交付使用，中波公司拥有了17艘重吊船舶，适合运输各类超长、超重、超高的"巨无霸"货物。

为发挥中波船队的整体优势，实现公司效益最大化，在巩固传统亚欧航线优势地位的基础上，中波公司先后成功开辟了远东—美湾—欧洲—远东环球航线、远东—欧洲—波斯湾/印度—远东钟摆航线、远东—美湾—远东钟摆航线，初步建立了中波全球重大件设备货专业运输班轮航线，成为真正意义上的全球承运人。

随着重吊船舶运力陆续投放国际航运市场，中波全球航线布局不断

印度海事展颁发给中波公司的
"年度杰出重大件承运人"奖

完善，公司在重大件设备货领域的核心竞争力不断得到加强，企业盈利能力不断提高。公司成功地实施了"高端客户，高质服务，高价货物"策略，并凭借重吊船队、丰富经验和优质服务，得到了制造业高端客户的青睐，与制造业巨头三菱重工、通用电器、日立重工、西门子等公司，以及国内知名的钢铁、发电、石化、国家电网等企业建立了长期良好的合作关系，成功运输了豪华游艇、风车叶片、电厂设备、列车车厢、车头等高端货物，使重大件设备货在公司货载结构中所占的比例不断提高，并成为公司船队盈利的支柱货源。从 2003 年开始，中波公司连续五年实现公司营业利润新高。2007 年完成利润 5000 万美元，2008 年实现同比增长 50%，创公司成立以来年利润之最。

危机中的"暖冬"

2009 年，中波公司的转型进入了第八个年头。金融海啸袭来，航运市场也进入寒冬。这年冬天，当凛冽的寒风在城市上空呼啸、在人们心中盘旋的时候，《解放日报》刊登了一篇名为"中波式暖冬"的报道，称中波公司新世纪以来依靠准确战略定位成功转型，积蓄起足够的抗风险能力，气定神闲地等待航运业回暖的春天。

"十二五"（2011—2015）期间，公司继续在重大件设备货领域辛勤耕耘，凭借积极进取的揽货策略、自主创新的节能改造专利和不断提升的管理水平，圆满完成股东会下达的各项任务目标，将航运主业做精做强，进一步巩固了在重大件设备货运输领域的地位。公司获得2013年印度海事展颁发的"年度杰出重大件承运人"奖。由于公司坚守的绿色环保工作标准和出色的港口国检查纪录，公司多艘船舶获得美国海岸警卫队"21世纪船舶"称号，享受港口免检待遇；并有"恒星"等四轮荣获长滩港"绿色环保杰出贡献奖"，可享受税费优惠等嘉奖措施。

新时代，新起点

2016年，中波公司迎来了65周年华诞。6月中旬，中国国家主席习近平出访波兰期间在波兰《共和国报》上发表署名文章，其中写道："1951年成立的中波轮船公司是新中国第一家中外合资企业，至今运营良好。"

中波公司的发展迎来崭新的时代。四艘32000载重吨、最大起重能力700吨的"太平洋"型新造船舶陆续加入中波船队。崭新的中波船队四艘36000载重吨重吊船也扬帆起航，开启澳大利亚、非洲、南美航线班轮经营，为金砖国家间往来提供优质服务。2017年5月，中波公司与大连海事大学校企合作的新一代教学实习船"育鹏"轮，载着80多名学子开启首航之旅。"育鹏"轮上中波船员与海大师生朝夕相处，所到之处，海大校友纷纷登轮祝贺，中波助力海运人才培养的美名一路远播。

2018 年 11 月，中波公司两国股东在上海召开第 34 次股东会，中国交通运输部副部长何建中和波兰海洋经济与内河航运部部长马莱克·格鲁巴尔契克分别代表双方股东出席，签订第 34 次股东会议定书。双方均高度评价中波公司作为两国友谊的象征为双边外交关系和经贸合作所作的积极贡献。何建中副部长更是对公司提出了"三个统一"的体制机制改革要求。遥想当年，第 14 次股东会也是在上海举行，双方股东代表签订议定书的那天，中国第一艘出口船"绍兴"轮出

2015 年投入运营的中波公司"太平洋"轮

厂交付运营，中国航运产业毅然登上世界舞台！那是 40 年前的 1978 年——中国改革开放元年，也是"绍兴"轮加入中波公司船队，驶向五洲四海的首发之年！

四十载惊涛拍岸，九万里风鹏正举。新时代，深入改革正当时，公司把握市场脉搏，开启租船经营业务，果断出手购置新船，新业态在管委会支持下酝酿、萌发，"航运业为主，上下游产业链协同发展"的新战略格局初露端倪！

刚强、坚毅、追求卓越是中波不变的精神内核；家国大义、国际友谊，依靠智慧、汗水实现再辉煌，是传奇企业发展历程的浓缩。中波正昂首阔步迈进新时代，为"一带一路"建设、中国—中东欧"16＋1"合作呈上最好的自己！

往来不断——我前往中国的次数还在不断刷新

兹齐斯瓦夫·毕克 （波兰华星集团董事长）

　　半个世纪以前，当我刚刚开始接受教育的时候，中国对于我们所有人来说，是"遥不可及"和"异国风情"的同义词。那时，周围的邻居和熟人还很少到世界各地旅行，即使偶尔碰到个去过非欧洲社会主义国家的人，那通常也只是去过西德或者漂洋过海去过美国。我最初是通过地理教科书和《大陆》月刊上的几篇文章了解中国的，但从波兰到北京将近一万公里的路程，让这个国家在心理上变得十分遥远。

　　在早年的学生时代，中国总能让我联想到那些有时能够从商店买到的质量上乘的文具，还有我姑姑时常炫耀的瓷器，以及妈妈给我们兄弟几个买的纯棉背心。但是，在童年和青少年时期，我没有遇见过任何梦想去中国旅行的人。汉语对我们来说是一件要花很大气力才能学会的东西，而且时至今日，当形容某个东西难以理解时——不仅仅是语言层面——波兰人还会说："这简直就是中文。"我还记得我的同桌曾经歪歪扭扭地从铅笔盒上抄写了几个汉字："中国制造。"如今，多亏了懂汉语的人，我才知道这几个字的意思是什么。

　　上世纪 80 年代末，在华沙—北京的直航开通之际，波兰电视台播放了一部记录中国人的日常生活和当地快速发展的旅游业的节目。那一刻我头一次想到，我要去看看长城和这个国家的其他奇迹——千百年来，

177

这个国家的文化一直让我们欧洲人心驰神往。但当时的我无暇去进行这样的旅行，我和妻子初创的公司需要打理，而且我们刚出世的孩子也让我不得不集中精力于家庭事务。我们的公司服务于采矿业，而这一产业的命运决定了我们公司的经营状况。

2000 年，我和妻子决定收购一家生产矿山链条的公司。从此，华星股份集团公司就成了我们的又一个"孩子"。关于我的创业经历，有很多可写的东西，但我还是想重点说说我与中国的不解之缘。在领导公司的头几年，我开始发展公司的外贸业务，就在那时，我得知在北京每两年都要举办一次世界上规模最大的矿业博览会。我想我们应该出席这样的盛会，毕竟中国是世界第一大产煤国，也是最大的矿产品销售市场。2003 年 10 月，我与刚设立的出口部门的员工一起，作为参展商出席了"中国国际煤炭采矿技术交流及设备展览会"。博览会的规模大大出乎我们的意料。外国展商的展厅仅仅是展会的一小部分。中国的矿山机械设备制造商们大方地向我们展示了自己的产品，而升起在展区上方的气球也远远地就吸引着人们的注意。有很多事情都让我们感到震惊和不可思议。我觉得北京以后几年举办的博览会似乎都没有那样的规模了，虽然可能是由于那是中国给我留下的第一印象的缘故——那时的一切对我来说都那么新奇。

华星初次参加北京的博览会时，虽然我们的展台很寒酸，但还是有一些之前与波兰打过交道的中国客商到访。就这样，我结识了两位会说波兰语的中国矿业界重要人物：张贵教授和屈先朝教授。如今已经过世的张教授在我们的展台待了很久，他鼓励我在中国寻找合作伙伴并在那里投资。博览会期间，我并没有太多时间去游览北京城，更别提更远的那些地方了。这使我这次中国之行留下了些许遗憾，也激发了我再去中国的愿望。

回到波兰后，张教授同我联系，建议我们邀请山东省新汶煤矿集团

2015 年 10 月，第十六届中国国际煤炭采矿技术交流及设备展览会上，兹齐斯瓦夫·毕克（右 2）夫妇与中波两国采矿专家合影。右 1 为时任中国煤炭科学研究总院矿山安全技术研究分院副院长屈先朝。

的代表团来访。于是，不久我们就招待了这个公司的代表，他们参观了我们在卡托维兹的工厂后，立刻开始与我规划合作的蓝图，商定合作在中国建厂的计划。心里数着还没到账的钱，说实话这让我很心动，但当时我手头上要解决的事情太多，使得我对在中国投资的事持谨慎态度。到下次博览会召开之前的两年时间，在不知不觉中就过去了。2005 年，我们决定再次参加"中国国际煤炭采矿技术交流及设备展览会"——到目前为止，该博览会一直都是华星公司展会日程表上的固定内容。展会期间，张教授出乎意料地邀请我们去山东。对此我们完全没有计划，因为我们想专注于同潜在的代理商洽谈，但拜访我们招待过的新汶公司这一想法又很有吸引力。那时我还没有料到，原本的航班会因为大雾天气而被取消。当时中国的高铁时代还没有到来，密集的高速公路网也尚未成形，虽然我们原计划是往返都乘飞机，但回北京的时候我们不得不改乘特快列车，还坐了整整一夜。2005 年的中国之旅是一次真正的人生体验，我不光参观了长城，还去了圣山泰山，但最重要的是，那时我对中国的爱的种子已经悄然种下。

决定在中国建立合资公司后，我们公司上上下下所有人都知道，与中国相关的话题有优先权。我同中国的合作伙伴洽谈了创办合资公司的条件。这当然需要我再次前往中国。成立山东良达发兴圆环链有限公司的合约于 2006 年 2 月签署，但是公司正式启动还要等一年半的时间。矿业圆环链的生产是一项重大举措，而这样的举措很费时间。就像我们波兰人说的，克拉科夫不是一日建成的。我们需要运送机器、培训员工，与此同时还要克服创办公司期间一次又一次使我们震惊的各种挑战和预料之外的情况。此外，我们还需要克服语言障碍。万幸的是，技术团队的成员都会使用机器上的语言，这有助于他们在没有翻译的情况下相互沟通，毕竟以张教授一己之力很难担负起所有翻译任务。以这样的方式，我们在卡托维兹的工厂与中国山东一个不大的城市——新泰建立了长久的联系。当时我就知道，山东是儒家文化的摇篮，距新泰 70 公里的古城曲阜就是孔子的故乡。这个地方让我联想到了"坚韧"一词，我希望这种精神能影响到正在创建的合资公司的经营活动。

公司的启动仪式声势浩大，我们邀请到了许多知名人士。波兰方面出席并剪彩的是时任波兰驻华大使克日什托夫·舒姆斯基（Krzysztof Szumski）。借此机会，我带着全家人——妻子安娜、女儿亚历山德拉还有当时只有 16 岁的儿子马特乌什，一起去了一趟中国。如今，我儿子同中国的关系可能比我还要紧密，但这都是后话了。在公司的开业仪式上，与我一同出席的还有华星副总裁兼技术经理马留什·菲亚维科（Mariusz Fiałek）。接下来一次去中国的时候，我决定将公司董事会中的第三个人——副总裁兼行政经理马克西米连·柯兰克（Maksymiliana Klanka）也拉到与中国相关的事务里来。这次在新泰停留期间，我们去良庄矿业有限公司的矿井时，他感到非常震惊。马克西米连站在矿井的主楼前，带着难以置信的表情端详着。原来，这是他1995年第一次来中国访问时参观过的矿井。就这样历史轮回，12年后他故地重游，但此时他与矿井的关系已经完全是另一种性质了。我们一起决策干了一项共同的事业，而山东良达发兴圆环链有限公司是我们的"商业孩子"。

公司运营初期，正巧赶上又一届北京矿业博览会。不管我们的中波合资公司经营如何，我还是想拓展我们的产品对中国的出口。在波兰，中国产品的进口商很多，但能将自己的产品卖给中国的却不多。这是一个志存高远的计划。从一开始我就知道，我独自一人在这一领域什么也做不成，重要的是能够帮助我实现蓝图的人。我认为，正如我在大大小小的见面会和研讨会上反复强调的那样，生活中最重要的是要有理想，理想是计划的开端，而实现理想也必须要有计划，因为人没有计划就像轮船没有了舵。理想和计划是我们前进的动力，于我也不例外。

每次去中国，我的中国朋友圈都在扩大，我也发现，波兰人和中国人其实非常相似。只有在中国和波兰，人们对新结识的朋友才会那么好客而真诚。正是因为中国人的热情好客，才让我开始发现我们两个民族之间越来越多的相似之处。不懂汉语对我的交流造成一些麻烦，不过这种情况大概会持续下去，我将只能依靠翻译的帮助了。

2008年，张教授考虑到身体的原因，终止了我们的合作。鉴于教授已75岁高龄，我们十分理解，但我必须考虑没有懂波兰语的中国人帮助，我们该怎么办。好在当时玛乌戈热塔·考焦乌女士（Małgorzata Kozioł）——华南农业大学的毕业生，热爱中国，翻译经验丰富，精通技术类和经济类专业术语——已经同我们一起工作了。在华星工作的第一年里，人们都用中国人给她起的名字，称呼她为"马国丽"，甚至直到现在我们在公司里有时还这么叫她。玛乌戈热塔女士现在仍旧在为我们工作，我们公司几乎所有重要的中文文献都由她参与翻译。

2008 年 7 月，机缘巧合下，中国煤矿集团的代表团来我们公司访问，屈先朝教授也陪同前来。我很高兴又一次与屈教授见面。语言障碍不再成为问题，而我个人也获得了一位游览中国和了解中国文化的完美导游。我眼中的中国又多了新的色彩，另一方面，对中国的了解也为我们带来了新的行业联系，而且不止于此。考虑到在北京的煤炭科学研究总院的工作，教授不能全身心投入我们的工作，但我知道，一旦我有任何疑问，都可以给他打电话请教。我每次去中国都会抽空和屈教授见一面，因为与他的对话总是很有启发性，能够让我发现越来越多关于中国文化的秘密。可能有朝一日屈教授会答应与我们的团队建立更广泛的合作关系，尤其是当我写下这些文字时，他已经退休了。

我想发展合资公司的业务，但这并不全取决于波方，或者说不全取决于华星，因为中方也拥有一半的股份。我梦想我们的公司能够变成圆环链生产的领头羊。另一方面，当我看见新汶和我们工厂所在的新泰市的变化时，我相信一切皆有可能。2019 年 3 月，在我最近一次到访合资公司的时候，眼前的一切让我感慨：这怎么可能？一个矿业小城，曾经满眼都是附近矿井里挖出的堆积如山的矿石，如今却变成了一个花园城市，宽阔的街道两旁种满了精心修剪的绿色植物。要知道，矿石不仅会破坏周围的景色，矿石山上被风吹起的尘土有时甚至会让人窒息。但如今，这一切已经成为历史。看着这些变化，我感到有点小嫉妒，因为可能只有在中国，这样的变化速度才成为可能。这里十年间发生的变化，在其他地方可能需要几十年。十几年前，让我动心在这一地区投资的，首先是中国伙伴的热情，而现在，还有这座城市绽放的魅力。

就像我之前提过的那样，除了办合资企业，我一直都还想把我们在欧洲生产的圆环链直接卖到中国。这里我说"在欧洲生产"，而不是"在波兰生产"，是因为 2007 和 2008 年之交我们集团收购了德国 KBP 贝克尔普林特链条有限公司——世界最大的三家矿业链条生产商之一。在被收购之前，这家公司已经将自己的产品销往中国了，但我们希望将波兰的产品也出口到中国。我们的生产能力允许我们发展这一想法。凭借在该领域的不懈努力，我慢慢认识到了在中国经商的各项原则。令我备感吃惊但也逐渐适应的一个风俗是，共进午餐和晚餐在中国是商业礼仪的一个重要方面。通过饭局，我还见识了精妙绝伦的中国菜。中国菜的种类是如此繁多，一直都让我感到惊讶，以至于我在波中之间来往这 17 年间，在来中国 150 多次后，我还是总能品尝到新的、令我惊奇的中国菜。假如我不是这么忙的话，我会很乐意去学做哪怕是简单的几道中国菜，以便能让我的波兰好友跟我一起分享美食。

波兰的朋友们特别是同行们开始嫉妒我能经常去中国旅行，并在那里拓展业务。我的公司在某种意义上说进行的是非常小众的经营，或者说是高度专业化的经营。只要别的矿用机械生产商想加入我们的代表团，我们都会为他们留位置。我带他们去参加商贸会谈，帮他们建立业务联系。正是为了他们，为了一起宣传波兰、波兰矿业和矿用设备生产商，2012 年我提议创办中文版的杂志《现代矿工》。该杂志为季刊，报道行业中的重大事件，尤其是与中波两国相关的事件。2012 年末，在又一次去中国旅行回来之后，我生了重病，肺炎迫使我躺在了病床上。但也正因如此我才有点时间思考，一个想法在我的头脑中慢慢萌芽，那便是在中国为波兰矿业企业举办一个大型的行业活动，最好以研讨会的形式。我希望举办这个活动能够有利于山东电力的整合，因为我们的合资公司是他们的下属公司，而这个地方对我们来说再合适不过了。说服中方合作伙伴接受这个想法花了我们挺长一段时间。我们确定了所有必要的事项，完成了所有相关手续，就这样，在 2013 年 6 月中旬，华星资本集团股份有限公司与新汶矿业集团有限公司一起在济南举办了研讨会。研讨会上，除了我们以外，一共有 12 家波兰公司出场。波方有当时的经济部副部长伊洛娜·安东尼申－克里克女士（Ilona Antoniszyn-Klik）出席研讨会的开幕式。在会议前一天举办了见面会和宴会，而会议之后则是双边会谈。日程像以往一样紧张，研讨会后我们前往北京，然后直接飞往波兰。当听到波兰同行们说，他们还从未出席过组织如此良好的研讨会时，我由衷地感到高兴。我心里就像灌了蜜一样，因为那次大会真的很成功，我们的中国朋友直到今日还会时常提起。

2013 年 6 月，华星集团与新汶矿业集团在济南举行合作研讨会。

在拓展市场的同时，我又拜访了其他一些中国公司和中国省份。在做旅行计划时，我总是会忘记中国是个幅员辽阔的国家，从一个城市到另一个城市需要花很多时间，因此计划就常显得很紧张。渐渐地我开始习惯，在中国做有关合作的决定需要时间和相互了解。我并不总能有时间去中国，毕竟我们的产品还出口到其他国家（五大洲的 47 个国家），假如我去任何地方都像去中国一样频繁，那一年就得有 1000 天才够用。幸运的是，我的儿子继承了我对中国的热爱，虽然他还不到 30 岁，但已经连续七年陪同我来中国了，现在他来中国比我都频繁。他对这一市场的专注让我决定在北京创建华星中波（北京）矿用设备及工具有限公司——我们集团的独资公司，任务就是在中国开展商贸活动。我们的贸易公司于 2016 年 2 月正式运营，凭借商务团队的努力，公司在市场上的份额不断增长。与此同时，公司本身也成为发展中波合作与友谊的平台。我们在波兰的员工会随时与在中国的员工保持联系，借助新科技，他们每天都能进行交流，彼此分享喜悦和问题。下一代人已经从我手中接过了接力棒，这让我欣喜万分。他们不仅仅局限于我创建的东西，还会努力在原有的基础上向外拓展。唯一让我伤心的是，我的儿子没有学习中文，虽然他知道的汉语词汇肯定比我多。但我希望他的女儿们（众所周知，女人更有耐心）会对表意汉字感兴趣，以后不光会说，还要会写中文。只不过还得等她们长大一些，因为小女儿今年才刚刚出生，马特乌什肯定会带她去中国。我希望女孩们能同我们一样迷恋这个美丽的国度。

关于儿子我已经写得太多了，我的女儿亚历山德拉也被我对中国的热爱所感染。她作为华星资本集团股份公司的战略经理，曾多次陪同我到中国参加博览会和研讨会，并在会上发言。在演讲的时候，她总会努力讲几句中文，这能帮助她抓住观众们的注意力。我的女婿米哈乌·杜别尔（Michał Dubiel）从第一次去中国就开始对中国痴迷。米哈乌紧跟时代，依托自己的专业，决定专注于电动交通工具行业。现在，他是中国 Super SOCO（速珂）品牌旗下瑞摩有限公司在波兰的总代表，在波兰批发这家公司生产的电动摩托。当然，这只是他与中国相关的业务和商业活动中的一部分。

当上世纪 80 年代末我和妻子刚开始经商的时候，我们对自己所做的一切无比欣喜，但那时我们还很年轻，还从未想过什么时候应该把自己的商业接力棒交给下一代。我个人认为，永远不要预测我们的孩子会继承我们的职业热情。我和妻子可以说，我们在这方面很幸运，因为我们的孩子喜欢我们为他们选择的人生之路，而且目前正与我们共同承担着经营企业的艰辛，这家企业是 30 多年前我们白手起家建立起来。除此之外，孩子们与我们一样对中国感兴趣，延续着我们为他们选择的职业之路，同时还用这份痴迷感染了许多人。

　　我去中国出差的时候，妻子并不总能陪在我身边，对此她感到很遗憾。但每当她同我一起去中国的时候，我的中国伙伴们总会很开心。我得小心地解释这是为什么，因为我担心安娜对我的坦诚可能会不高兴。在波兰时，我的妻子滴酒不沾。而在中国，在一次重要的商务会谈之后的晚宴上，她被劝说尝一点大米酿造的白酒。这酒很烈，有 54 度，但安娜却觉得很好喝。这个消息马上在我的中国合作伙伴中间传开了。从那时开始，每次去中国出差，除了得到送给我的纪念品之外，我还会收到送给安娜的一小瓶烈酒。妻子责怪我说，别人的丈夫都给自己的妻子带漂亮的丝绸方巾之类的东西，而她总是收到白酒做礼物。她开玩笑说，如果我再和别人说她喜欢喝中国白酒，那我就待在中国别回来了。我很爱我的妻子，所以现在我总会给她带她最喜欢的中国手工艺品。

2014 年 11 月，兹齐斯瓦夫·毕克（右）与同事一起参观秦始皇陵兵马俑。

我经常去中国出差，也参观了许多历史古迹。但我的商务旅行总是很短暂，而且行程安排也总是很紧张，所以参观游览的机会很有限。我计划了好几年，希望花两三个星期去中国单纯地旅游一次，但我一说到这个计划，别人就笑话我，说我整个职业生涯中也没有过两周的假期。而在2017年10月，我游览中国的夙愿终于实现了。但那两个星期对我来说还是不够的，中国幅员辽阔，即便只游览那些最重要的地方，一个月也是不够的。此次旅

2017年10月，兹齐斯瓦夫·毕克夫妇在广西游览漓江时留影。

行期间，我参观了少林寺和古城洛阳的名胜古迹、三峡大坝、兵马俑、虎跳峡、成都大熊猫繁育基地、九寨沟国家公园，还有海南岛美丽的沙滩。我旅行结束回国后跟朋友们说，我不仅去中国出差，还去中国度了两个星期的假，友人们都觉得我的心有一半都属于中国了。

我为发展与中国的合作所做的努力以及我对中国的热爱受到了波兰政府的重视。2012年12月我受邀参加了布罗尼斯瓦夫·科莫罗夫斯基总统的访华代表团，之后又于2015年11月陪同安杰伊·杜达总统访问中国。

同中国开展合作以来，我一直都在努力向我的中国客人们展示波兰的风采和我们西里西亚采矿业的魅力。六年前，华星集团举办了周年庆典。这个活动对我们来说十分重要，为此我们做了精心的准备。时任中国驻波兰大使徐坚莅临庆典仪式。在庆典上，我们接待了许多中国的合作伙伴，他们是我们最重要的客人之一。

2017 年 10 月，在第十七届中国国际煤炭采矿技术交流及设备展览会期间，中国煤炭工业协会会长王显政（右2）来到波兰华星集团展台，与工作人员交流。

在华星，我们也经常接待来自中国的友人，而在招待过程中就能看出两国之间的文化差异。这些差异之后便成了开玩笑的谈资。了解我们公司的人都知道，华星公司的企业颜色是鲜绿色，客人们戴的安全帽也是绿色。我们之前不明白，为什么中国人不愿意戴我们的安全帽。后来，我们的员工中一位会中文的女士跑过来解释后，我们这才知道在中国"戴绿帽"跟在波兰"长鹿角"一样，都是被女人背叛的意思。现在，我们在给客人们分发安全帽的时候会说，希望大家不会介意戴上绿色的安全帽。听完这句话后，大伙儿总是一阵哄笑，然后整个代表团会戴着绿色安全帽在我们工厂正门的牌子下面合影。

就像我如此热爱中国一样，有时候我会笑自己，没有去中国的一个月就是被浪费了。我也希望我的中国客人喜欢波兰，想再回到这里。当然我也清楚，波兰在大小上是另一个概念，波兰领土面积只能同中国的某几个省相提并论，因为中国只略微小于整个欧洲。现在与我的童年时代已经大不相同，去中国的旅行很方便，而且不像从前那样昂贵。在听到有年轻人想亲自去探索中国，甚至想去那里学习时，我都会很开心。同样，也有越来越多的中国年轻人选择来波兰高校读书。我相信，像我这样拓展两国友好合作关系的故事会越来越多。

汗水换来船长的眼泪

顾根富 （中波轮船公司水手长）

　　说起中波轮船公司，我们上世纪 50 年代初参加中波公司工作的老
海员都有切身体会。"汗水换眼泪"的故事记述了热血沸腾的青年为了
新中国的腾飞，继承和发扬中华民族吃苦耐劳的光荣传统，刻苦学习远
洋运输业务技术的经历。扬·考夫斯基船长是我们到中波公司后遇到的
第一位波兰船长，也是我们这些中国船员涉足远洋的第一位导师。在"国
际友谊（原名 Przyjazn-Narodow，披·那罗多夫）"轮上，扬·考夫
斯基与中国青年船员共同战风斗浪，携手拼搏，消除误解，建立起真挚
的友谊，铸就一段中波两国员工并肩合作创办中波公司、发展中国远洋
运输事业的佳话。

脾气暴躁 No! No! No!

　　中波公司成立不久，三副鲍浩贤、我和水手臧维宏等八个甲板部船
员登上了"国际友谊"轮，与轮机部的波兰船员混编组成了该轮的整套
船员班子。我们上船后的共同感觉是，船长扬·考夫斯基是一个"暴君"。
他见了人从来不说话，好像别人都欠他钱似的。他见了中国人就拉长脸，
找着碴儿发脾气。甚至看到放在甲板上的油漆桶，他也会莫名其妙地走
过去"砰"地一脚把它踢得满地乱滚。如果你不小心做错了事，那他更
会暴跳如雷。尤其令人费解的是，扬·考夫斯基船长还别出心裁地给船

员附加了一条不成文的规定：波兰船员走右边的主甲板，中国船员走左边的主甲板。

当时我们都很年轻，都是从各个海运单位抽调出来的，但都没有跑过远洋，也没有见过跑远洋的巨轮是啥模样。我们中的大多数只是在沿海港口的小海轮上工作过。不过，我们都是顶呱呱的小伙子。那时，能到中波公司工作的人，哪怕是最普通的服务员，也是要经过层层挑选的。特别在政治上，对未来员工的审核更是讲究，要查遍"祖宗三代"的。上船前，我们在上海东长治路 505 号参加了集训。领导对我们说，中波公司是一个重要的外事单位，每天都要与外国人打交道。我们被要求，上了中波船，一定要以最严肃认真的态度恭恭敬敬拜波兰船员为师，虚心地向波兰船员学习。领导也叮嘱我们要与波兰船员搞好团结，绝不允许与波兰人吵架、打架，谁违反规定，影响了两国船员之间的关系，就是破坏两国之间的关系，回到国内，轻则批评教育，重则开除公职。

扬·考夫斯基船长是第一次上中波公司的船，他在跑远洋之前是大英帝国海军的一位舰长。在来中波公司工作之前，他对中国的了解仅仅一鳞半爪，对中国人的了解更是少之又少。他对中国的印象基本都是那些欧美电影中的形象：在当时的西方人眼里，中国人是"东亚病夫"，是"黄祸"或者邪恶的"傅满洲"。因此，当我们这些活生生的中国人一下子出现在他的面前时，他有些手足无措，心存芥蒂。他看到这些个儿不高、体格不算魁梧的小伙子根本就是些远洋门外汉，而且语言不通，出于一位远洋船长的职业判断，鉴于以往他在大英帝国战舰上指挥惯了身强力壮的白种人，他不可避免地对我们这些东方人产生了偏见。故而，在我们上船后的一个多月里，尽管这些"不受扬·考夫斯基欢迎"的中国船员牢记领导的嘱咐，处处小心，事事谨慎，但还是无法得到船长的认可。而且，随着开往欧洲日子的临近，他的脾气非但没有收敛，反而益见火爆，常常起无名火。为了保证航行的安全，我们通过组织及时地向公司反映了情况。

"船长先生，您是一位有责任心的船长，"中方总经理经过与波方磋商，决定对扬·考夫斯基船长进行引导，开船前，他和波方的航运处长一起上船，神情严肃地对船长说，"但是，你的脾气太暴躁，不利于船舶的管理和安全。"

"噢。经理先生，我承认我的脾气存在问题，"扬·考夫斯基见总经理亲自找其谈话，察觉了问题的严重性，不过，他也有苦衷，他说，"远洋运输船舶是高技术的工具，我对船上船员的技术没有太大信心。因此……"扬·考夫斯基船长说出了积在心里多时的烦恼，道出了动不动就发脾气的真相。

这时，中方总经理"搭准了脉搏"，就对症下药："我相信你的动机是好的，我也同意你刚才强调技术的观点。但是，我必须严肃指出你的不足。希望船长摒弃偏见，跟上时代的步伐。对于这一点，我与波方总经理已达成共识，他支持我的看法。因为中波公司是中波友谊的结晶，在这个公司工作的中波双方职工都是这个公司的主人。他们会尊重您的领导，也会尊重工作岗位，珍惜自己的主人地位。"

"经理先生，您的话我完全理解，"扬·考夫斯基开始明白过来，他诚恳地说，"请原谅我对中波公司缺乏了解，请相信我会在今后的工作中改正自己的错误。"

过后，由波方航运处长出面让扬·考夫斯基写下书面保证，并明确告诉他，航次结束时将根据船员对他的反映决定其去留。

起货机保养如新，船长笑了

扬·考夫斯基船长的脾气没了，但并不等于他心里的疙瘩都解开了。"这帮中国人到底行不行"的问题还一直在他的心里翻腾。而初涉远洋的我们心里也清楚，扬·考夫斯基船长的脾气是被领导"压"下去的，如果我们拿不出点实际行动来证明自己的价值，那么船长的脾气说不准什么时候又会冒出来了。

"你们是新中国的青年，是新中国的第一代远洋船员。你们要为中国人争气，不要给中国人丢脸。不管遇到什么困难，都要挺住，要把技术学回来！"领导的嘱托又回响在我的耳边。我们决心用最快的速度学会各种船舶驾驶和操作技术，以实际行动取得船长的信任，去感动扬·考夫斯基这位"导师"。

工作第一，享受第二。我们不与波方船员争房间、铺位，这是中国船员拿出的第一个行动。"国际友谊"轮到中国港口后，中波公司派中国船员上船接了班，照例房间应该空出来了。然而，可能由于船长对新上船的中国船员不信任，也可能是波兰船员自行回去的路费太贵等原因，几名本应离船的波兰交班船员，最后还是继续跟船回了波兰。

大副是波方招来的希腊籍人，他办事公道，是非分明，却为给新来的中国船员分配房间伤透了脑筋。如果命令波兰人让出房间，符合船员交接的一般规则，但是，他们让出房间后又能去哪儿住？不让出房间，中国接班船员又该住哪儿？他再三考虑，觉得怎样都不妥，遂将难题移交给了扬·考夫斯基船长。

令大副和船长感动的是，我们对此早有准备。我们告诉大副并让他转告船长，房间还是让波兰船员住着。船在码头装货时，我们就在对方房门外搭地铺；装完了货，我们就睡大舱去。大副问我们为什么这样做，我们笑着告诉他"为了中波公司美好的明天，再大的苦我们也能承受！"希腊大副佩服地翘起大拇指。扬·考夫斯基船长知道难题已经被中国船员克服了，当场也没有太过激动的表现。到了深夜，他还是亲自来我们睡的地方转了几圈，询问情况。

　　如果说分配房间问题的迎刃而解让扬·考夫斯基船长打开心扉开始接受中国船员，那么接下来中国船员主动承担非职务工作维修起货机的行动，则使扬·考夫斯基全面抛弃了对中国船员的偏见。

　　"国际友谊"轮是一艘老旧船，开航以后，维修保养、整理物料、航行当班，甲板部的工作计划排得满满当当。六名水手每人每天要当两个航行班，每班四个小时，加上吃饭睡觉，每天只能有五个小时干其他活儿。那时，回航载货多数是汽车、机器设备等工业用品，这些货物需要用大量的钢丝绳绑扎。航次结束，为了降低成本，我们把解绑时拆下的花兰螺丝帽、钢丝夹头都收集起来，开航后派人整理，把螺帽和螺杆一个个地配套。仅此一项，千百套绑扎件就又可以重新使用，可为下个航次省下上万元美元的绑扎费用。可是这活儿全凭手工操作，需要大量的时间和劳力。同时，我们也要进行敲铲油漆、整理索具等工作。甲板工作是干不完的，还有一些工作虽然也很重要，但由于大副安排不过来，就会急得船长双脚直跳。

　　建国初期，我国的港口码头起重设备十分落后，黄埔、湛江等港甚至没有岸吊，卸货时主要靠船上的起货机（就是现在的船吊）。这些起货机的最大起重量可以达到40—50吨，汽车等货物全都在起吊之列。起货机一旦发生故障就会耽误装、运货，继而影响船期货期，引起一系列连锁反应。因此，公司和船舶把起货机视作"宝贝疙瘩"。

　　"人副先生，起货机的活儿很多，"一天，扬·考夫斯基船长找到大副，要他安排人维护起货机，"时间过得很快，回航时起货机绝对不能出问题。不然，我和你的工作就会丢掉。"

　　"船长先生，绑扎件的整理、淡水舱的清洗、涂刷水泥都得在到达下一风浪区前干完。"大副向船长诉苦说，"现在，我已取消了Teatime，但时间还是不够。这不是我的过错，要怪就怪这艘船的活儿太多太多了。"

大副找到三副鲍浩贤等中国船员商量，小伙子们二话没说就把 10 部起货机保养的工作揽下来了。大副和驾助也负责保养一部，因为他实在不好意思把这么多的活儿都推给中国小伙子们干。

扬·考夫斯基船长怎么也没想到，一个星期后，这些锈迹斑斑、老态龙钟的起货机已经油光锃亮、青春焕发地排列在甲板上。当得知这些起货机主要是由中国小伙子们利用工余时间一点一点义务加班保养好的情况后，他思绪万千，心潮澎湃。这时，再回味总经理对他说的那句"中波职工都是船舶主人"的话，他深感一点儿也不掺假。

"现在最缺干活的人，我应改行当水手"

人和万事兴。船长对船员态度的转变使"国际友谊"轮实至名归，全船空前团结，不分彼此，更不分内外。中波双方船员在一起过党、团、工组织生活，一起搞劳动竞赛，船员的积极性得到充分的释放。船长想到的，船员们认真去做；船长没有想到的，船员们帮着去想，自告奋勇去做。

"国际友谊"轮进入印度洋后，中国船员们看到这艘船的外貌实在太旧太不雅观，便凑在一起开"诸葛亮会"，制定了主甲板出白、敲铲油漆和船壳保养的改变船舶面貌方案，通过三副鲍浩贤交给大副和扬·考夫斯基船长。

"No, no, no, "想不到船长接到方案，不假思索就作了否定，他对三副说，"这样的工作，船上是干不了的。"

扬·考夫斯基说的是实话，因为在他的航海生涯里，诸如甲板出白之类的"工程"，都是要安排厂修完成的。

"船长先生，请相信我们。"鲍浩贤以为船长的思想又发生波动，对船员的技术产生怀疑，就恳切地说，"我们虽然年轻，但是我们完全有信心和能力把这项工作做好。"

"年轻人，我完全赞同你的说法。不过，我要纠正你的一个小小的错误。"扬·考夫斯基船长说，"不能把出白看作一项工作，而应该把它看作一项工程。因为它由很多很多的工作组成，有很多很多的事情要做。为此，我对你们的勇气表示钦佩。而且，我对你们的技术也毫无怀疑的理由。"

事后，我们得知船长不同意的主要原因，是怕我们体力承受不了，累垮了身体。他完全是出于心疼我们这些年轻人。于是，我们又反复解释，多次要求。扬·考夫斯基船长从我们维修10部起货机的成功中看到了年轻人所提要求的可靠性，他改变了原先的主意，最终同意了我们的请求。

"国际友谊"轮虽然船龄老，但船员们的几十颗心却一点儿也不老。这艘1937年在德国建造的万吨级杂货船，在投入中波公司营运之前就已经服务多年。20世纪50年代，在美国操纵下的联合国作出了对华禁运案，西方许多国家不仅拒绝运输中国货物，而且连二手船也不愿意卖给中国。国家买来这艘船颇费周折。服役期间，其航次任务就在中国和波兰两地的港口装卸。由于中间靠港少，船在海上行驶的时间特别长，这给船舶的甲板保养、船壳维修带来很多困难。

有困难，中国的小伙子们是早就预料到了。可是，一个个困难在这些具有强烈翻身感和主人翁意识的新中国第一代远洋船员面前，都成了攀登知识、技术和经验高峰的一级级阶梯。

"方案批准了，我们要行动了！"晚上，睡在大舱上层柜货堆上的我们，从掀开透气的木舱盖板缝隙中望着夜空的星星，思考着、讨论着如何把对扬·考夫斯基船长的承诺变成现实。尽管夜已很深，但我们这些年轻人竟谈兴正浓，睡意全无……

"嘭！嘭！嘭！"黎明时分，"国际友谊"轮淹没在敲甲板铁锈的榔头声中。水手长、木匠、不当班的和刚下班的水手全部出动，揭开了改变船貌的序幕。一场敲、铲、油漆甲板和船壳的突击战就此展开了。一连几天，小伙子们加班加点地干。但是，由于工作量大，甲板等锈蚀严重，进度受到影响。如果想在风平浪静的印度洋上完成这项工程，就得增加人手。

"从现在开始，由我操舵，你们都给我下去干活儿！"一天清早，扬·考夫斯基船长来到驾驶台，他透过宽大的玻璃窗，望着甲板上干活的船员，凝眉思考了一会儿，突然转过身，走到正在操舵的水手身边，对着两个水手和二副这样命令道。

当时，值班的二副是位波兰船员，他见船长下达这样的命令，感到十分不解。扬·考夫斯基船长郑重地说："现在最缺干活的人，我应该改行当水手！"

此时的印度洋，上边蓝天一片，下边汪洋一片，左右宽广无际。扬·考夫斯基船长稳稳地操着舵，让"国际友谊"轮在波光粼粼的海面上"放大洋"。

不一会儿，船长当水手的消息就在甲板上传开了。这消息像催化剂，鼓动着船员们奋力敲铲，雨点般的锤击声从船头一直响到船尾。

过德国基尔运河的时候，"国际友谊"轮容光焕发，船头、船尾、上层建筑、舷墙油漆一新。代理、码头工人等见了都称赞不已。到了波兰，焕然一新的船貌得到了分公司领导的表扬。

面对赞誉，扬·考夫斯基船长内心深处感到中国小伙子们的可爱和可敬，他为自己船上有这批船员而感到骄傲和自豪！他随即宣布废除了中波船员分左右甲板走路的规定，亲手拆除了横亘在两国船员之间的无形的隔阂。

两岸统一再同船

穷则挨打，穷则受欺。新中国刚成立的头几年，因为"一穷二白"，美帝国主义纠集国际反华势力不仅出兵朝鲜，威胁我国，而且在我国商船出没的各海上通道也派遣飞机和军舰进行封锁、骚扰，甚至与台湾反动当局勾结搞劫持。"国际友谊"轮在地中海接到公司的电报，称中波公司的另一艘货轮"哥德瓦尔特"轮在台湾以东海面被台湾军舰劫持。公司要"国际友谊"轮到波兰后，等待是否开回中国的命令。

北欧的太阳落下去很晚，下午8时还挂在天上。在波兰格丁尼亚港待命了十多天，扬·考夫斯基船长接到了"国际友谊"轮装货驶向中国广州黄埔港的航次命令。于是，这艘货轮又靠上了码头，开始装货。

1954年下半年的国际形势相当紧张。台湾的国民党反动派在海上趁火打劫，为获取中波公司船舶的动态，还派特工到世界各地港口、船厂跟踪探听。因此，当时的中波船舶动态是绝密级的文件。中波公司自设无线电海岸电台，和军队一样可以直接与船舶用密码联络。在这种情况下，那时的中波公司没法公开亮牌，对外称作"波兰远洋运输公司驻远东办事处"，所有的船都挂波兰国旗，用波兰船籍。

万余吨杂货很快就装完了。由于"哥德瓦尔特"轮被台劫持后，船及所有的中国船员被扣。中国船员中的共产党员被杀害；其他船员遭毒打、逼降不成后，均被投牢关押。中波公司出于对中国船员生命安全的考虑，经中波管委会研究决定，从1954年第四季度起，相继将"波库依""普拉斯基""布拉特斯特沃""华沙""披·那罗多夫"等轮上的中国船员调下，换上波兰船员。

为了做好船期的保密工作，开航后不久，船上有人提出"国际友谊"轮在回国途中，取消在好望角的开普敦等港口加油加水。但是，这一意图引起了波兰船员的反对。原因是，不在开普敦等港口加油加水，他们的家信就无法收到，船上的蔬菜、水果无法得到补充。中国船员对此反应不大，因为那时由于局势紧张，中国船员的家属不允许和国外（合作方波兰除外）的亲人通信。因此，那时一个航次跑四五个月，中国船员在国外只能收到一封信。当然，这不是中国船员反应不大的主要原因，其关键是他们更关心船期的保密。

两种意见反映到扬·考夫斯基船长那里后，出于对船舶和中国船员的安全考虑，他欣然同意。但是，波兰船员一时接受不了。为此，他给公司发了电报，最后获得了公司的批准。

到好望角之前，船上的蔬菜和水果已经不多了。此时，离到达黄埔港还有十多天的时间。为了支持扬·考夫斯基船长的工作，稳定波兰船员的人心，中国船员主动提出不吃蔬菜、水果，把剩下的蔬菜和水果都让给波兰船员吃。这使扬·考夫斯基船长十分感动。

"你船是哪个国家、哪个公司的？"一天晚上，船到新加坡，从正前方的美国军舰上发来灯语。

"告诉他们，我轮是英国'红烟囱'公司的。"扬·考夫斯基船长对水手下命令道。

"目的地港是哪里？"美国军舰又问。

"告诉他们，我轮去香港。"扬·考夫斯基下了第二道命令。

"红烟囱"是当时一家有名的远洋运输公司，因为其旗下轮船的烟囱漆成红色而被人们昵称为"红烟囱"公司。为了应付海上的突发事件，中波公司制定了迷惑敌人的方案，要求船舶在回答美国军舰询问时，若东行就自称为英国"红烟囱"公司的船，目的地港为香港；若西行则自称波兰远洋公司的船，目的地港为欧洲任意港。这完全是出于对敌斗争的需要。

进了南海，美国的侦察机每天准时"报到"，对"国际友谊"轮跟踪侦察。

四天之后，黄埔港迎来了英雄的"国际友谊"轮的到来，中波公司领导带着接替中国船员的波兰船员在码头迎候。

中国船员要离船了，船长扬·考夫斯基回想起四个多月来这些中国船员不赌不嫖不违纪，与波兰船员共同战斗的场面，依依不舍。中国船员回想起这个航次中在波兰兄弟的带教下，学会了甲板部的所有活计，也不忍离去。晚上，在扬·考夫斯基船长提议下，"国际友谊"轮举行了盛大的告别晚会，共诉离别之情。扬·考夫斯基感情真挚的讲话把晚会推向了高潮。他说，首先感谢中方总经理的忠告，使他对中国弟兄少犯了许多错误。因此，自获得忠告后，他与中国船员走上了信任的、健康的合作之路。这使他从这些中国船员身上认识了新中国，认识了站起来的中国人民。从此，他将永远把中国船员当作自己的朋友。最后，他希望大陆和台湾早日统一。那时，他一定再和中国船员合作，为中波公司作出更大的贡献！

在讲话的过程中，扬·考夫斯基充满感情。讲着讲着，他两眼就滚出了热泪，所有在场的公司领导和中波双方船员也被感动得泣不成声。此时此刻的"国际友谊"轮已真正沉浸在热烈诚挚的国际友谊的氛围之中，几十颗火热的心，经过成功的合作，在一起碰撞，在一起交融，在一起跳动。中国船员从心底里发出了"万岁，中波两国合作的友谊！万岁，扬·考夫斯基船长"的呼喊。我们将永远记住这次难忘的合作。

推动中波人文交流的重要桥梁

苗华寿 （国务院发展研究中心欧亚发展研究所研究员）

　　众所周知，中波之间的人文交流源远流长，但两国真正广泛开展人文交流，还是从 1949 年中华人民共和国成立后开始的。在这 70 年期间，中波两国的人文交流也随着两国关系历经了友好、波动、起伏、徘徊、转向、升温和深化的过程，但仍是硕果累累。进一步深入发展民间人文交流，就要推动两国出版界的合作，因为这是扩大两国相互了解和认知的重要桥梁，也是最好的途径。波兰马尔沙维克出版社近年来在推动中波出版合作中表现较为亮丽，值得赞扬。

　　2004 年 6 月，胡锦涛主席应邀访问波兰，开启了中波人文交流的热潮。当时，两国元首在联合声明中宣布建立中波友好合作伙伴关系，表示将共同努力，进一步加强两国传统友好关系，增进相互了解与信任，深化各领域的互利合作。波兰时任总理唐纳德·图斯克于 2008 年 10 月访华时也强调，波方愿继续本着相互尊重、求同存异、扩大合作的原则，与中方密切配合，推动双方友好合作关系取得更大发展。正是在这一大好形势的推动下，中波双方文化、教育、科技等交流更加频繁和深入。随着中国经济的不断发展和国际地位的日益提高，波兰越来越重视对华进行文化推广，并由此实现以文化交流促进政治、经济的全面合作。

　　2015 年 11 月波兰总统安·杜达对中国的国事访问以及 2016 年 6 月习近平主席对波兰的国事访问，将中波两国关系进一步提升为全面战略伙伴关系，双方更进一步明确在中国"一带一路"倡议和波兰"可持续发展计划"框架下共同推动双边合作，使两国间的人文交流不再仅限于政府间交流，民间交流特别是地方之间和院校之间的交流也相应开展起来。至今，中波两国间人文交流中最为突出的，首先是教育领域的交流。除孔子学院在波兰的兴起以及政府层面的合作和文化机构的交流之外，非政府组织和普通民众之间开展的交流也许更有意义，其中，出版合作有很大的发展，成为民间交流的范例。这里，我想以波兰马尔沙维克出版社与中国出版机构之间合作的进展为例，来展望中波出版合作的前景。

波兰马尔沙维克出版社成立于1990年，每年出版发行约500种图书和23种科学及科普杂志，其中包含一部分英文杂志，如《波兰政治科学年鉴》《新教育回顾》。另外，也有用波、英、中三种文字出版的杂志，如《文化与教育》。2012年成立了马尔沙维克出版集团，旗下包括马尔沙维克出版社、格拉多（Grado）科学出版社、切斯瓦夫·莫伊谢维奇教授国际合作基金、东方研究中心和亚太协会。阿达姆·马尔沙维克博士是集团总裁，也是集团的创始人。亚太协会自2006年开始以现有的形式活动，协会的现任会长为阿达姆·马尔沙维克，副会长为丹尼尔·卡瓦。协会的宗旨是在波兰普及关于亚洲的知识，同时与亚洲各国开展文化、经济、科学技术合作活动。协会每年举办各种研讨会、展览会，2019年5月14—17日刚刚举办了第六届亚洲与太平洋论坛。由约安娜·卡瓦·马尔沙维克教授领导的东方研究中心，主要针对东方各种问题进行广泛的研究和探讨，首先是针对波兰的东部邻居、中亚各国，其次是对近东和远东地区的研究。

2007年，马尔沙维克出版社开始与中国出版机构合作。经过十几年的努力，他们与中方的安徽时代出版集团、中国人民大学出版社、外语教学与研究出版社以及中国作家协会、五洲传播出版社、外文出版社合作，先后翻译出版了近百部中波书籍，涉及政治、经济、文学等领域。

2015 年 8 月 25 日，中国国务院副总理刘延东在北京人民大会堂会见获得第九届中华图书特殊贡献奖及青年成就奖的 20 位外国专家并颁奖。右 2 为阿达姆·马尔沙维克博士。（摄影：韩东）

其中，中译波的图书有：《习近平谈治国理政》《我的父亲邓小平："文革"岁月》《中国 2008》《中国巨变》《浦东奇迹》《中国经济发展的轨迹》《中国文化掠影》《聊斋故事选》《中国胡同》《我是北京地老鼠》，等等；波译中的图书有：《波兰历史：东方与西方之间的民族和国家》《加入欧盟后的波兰：议会的系统性定位及未来》《文化与教育》《西方音乐史上的 TOP100》《名侦探安娜·伍德》，等等。

由于阿达姆·马尔沙维克博士在中波出版合作方面的卓越贡献，2011 年他被聘为"中国图书对外推广计划"外国专家。2015 年，他又获得第九届"中华图书特殊贡献奖"。他的女儿约安娜·卡瓦·马尔沙维克也于 2017 年荣获第十一届"中华图书特殊贡献奖"青年成就奖。

由于在波兰出版领域的贡献以及与世界几十家科学和文化组织的成功合作，阿达姆·马尔沙维克博士被授予波兰银十字勋章。同时，他也是波兰和国外许多奖项的获得者，其中包括：波兰文化和民族遗产部部长授予他"荣誉艺术家"文化功勋铜质奖章；托伦市市长授予他"Thorunium"奖章，以表彰他多年来在波兰乃至世界范围内推广托伦市；2010年，他被授予波兰电台戏剧类最高奖项；2015年9月30日，波兰副总理还向他颁发了"波兰经济发展贡献奖"奖章。

当然，阿达姆·马尔沙维克仅是中波人文交流中一个有代表性的人物，不是唯一。

为继续扩大和夯实中波两国民间交往的群众基础，增加对非政府组织和普通民众之间文化交流的支持，更大力度更深入地支持翻译出版反映中波两国社会、历史、文化以及两国民间交往动态的书籍，应是我们今后进一步推动两国人文交流的重要措施。

交流篇

特殊艺术的独特魅力

周晓沛 （中国前驻波兰、乌克兰、哈萨克斯坦大使）

波兰是镶嵌在欧洲心脏的一颗璀璨明珠，也是一个世界文化强国。波兰人杰地灵，精英辈出，人文底蕴深厚。哥白尼、居里夫人和肖邦"三个波兰人改变了世界"，如今许多世界之最的辉煌也都闪耀着波兰文化之光。

美人鱼的盾牌利剑

波兰首都华沙有两座美人鱼塑像，位于古城市场中心的"小美人鱼"建于 1855 年，比丹麦哥本哈根美人鱼年长 57 岁；另一座位于城外维斯瓦河畔，建于 1937 年，称为"大美人鱼"。这两座美人鱼的大小、造型不同，但立意相同，都是左手执着盾牌，右手高举利剑，守护着华沙，守护着波兰。美丽的美人鱼是波兰人民不屈不挠的象征。

波兰是一个有着特殊历史的独特民族。波兰建国千年的历史，就是一部不屈不挠反抗外来侵略的英勇斗争史诗。波兰国歌开头两句歌词是："只要我们还活在世上，波兰就不会灭亡！"无怪乎马克思在 1867 年就赞扬波兰人民是"欧洲不死的勇士"，恩格斯也称道波兰是"东欧民主的策源地"。

波兰是一个多灾多难的民族。波兰夹在德国和俄罗斯两强之间，自古以来就是欧洲战略要道。18 世纪开始，波兰被沙俄、普鲁士和奥地

华沙的两座美人鱼塑像

利先后三次瓜分，亡国达123年之久。1810年，沙俄大臣曾从一切公文甚至档案中抹掉"波兰"这个名字，试图以此保证波兰国家永远不得恢复，以解波兰曾入侵俄国之恨。1861年，普鲁士铁血宰相俾斯麦写道："毒打波兰人吧，让他们失去生活的愿望……我们要生存下去，没有别的办法，只有把他们灭绝。"第一次世界大战后，波兰恢复独立才20年，1939年又被德国、苏联两家瓜分，希特勒还下达了"永远消灭波兰"的指令。二战期间，波兰惨遭蹂躏，600多万人丧生，其中530万死于法西斯的监牢、集中营和大屠杀中。战后40余载，波兰充当卫星国，也备受煎熬，多次爆发工潮和流血事件。在整个世界上，恐怕很难找到一个像波兰那样屡遭劫难的民族。

波兰也是一个富有创见的民族。一举推翻千百年来占统治地位的"地心说"，创立科学"日心说"的天文学家哥白尼出生在波兰。因发现放射性元素而两次获得诺贝尔奖的居里夫人和流芳百世的音乐大师肖邦等也都出生在波兰。到目前为止，波兰已有四位文学家荣获诺贝尔文学奖。这片土地上诞生了如此多灿若晨星的世界名人，看来并非偶然。远在15世纪，波兰贵族议会在欧洲率先实行了多数决定制——未经议会同意，国王无权作出重大决策。有意思的是，波兰还确立过历史上罕见的国王选举制，即国王不是世袭，由贵族议会选举产生，而且一般都从欧洲其他国家的王朝挑选"外来户"当波兰国王。关于长期有争议的社会发展模式问题，波兰共产党人在20世纪40年代就明确提出，"波兰需要走自己的发展道路，不是照抄西方，也不是照抄东方"，甚至强调波兰应探寻不同于苏联模式的"通向社会主义的波兰道路"。由于种种原因，"波兰道路"没有走成，但客观地讲，当时有这种思想火花和政治胆略，实属不易。

波兰素有"欧洲心脏"之称，自古以来就是贯通东西欧和连接南北欧的枢纽。在斯拉夫语中，波兰意为"平原"。波兰南靠苏台德和喀尔巴阡山，北临波罗的海，地势开阔平坦，山川秀丽富饶，是名副其实的平原之国，其疆域和人口在欧洲均名列前茅。

接待高访艺术团

2003年初，得知中国残疾人艺术团将应邀来波兰访问演出的消息后，我随即与波兰总统府联系，提出约见总统夫人尤兰塔·克瓦希涅夫斯卡，商谈有关访问事宜。

两年前，中国残疾人联合会主席邓朴方访问波兰时，使馆曾协助安排总统夫人会见了代表团一行。会见前，邓朴方同志专门到使馆与我一起商量谈话的内容，并询问可否邀请总统夫人访华。我说，总统夫人热心残疾人事业，兼任波兰"无障碍交流"基金会主席，其职务与你相当，我个人认为完全可以邀请。因为我们俩是北大校友，所以谈话比较随便。

波兰总统夫人尤·克瓦希涅夫斯卡（中）
出席中国使馆招待会。

正式会见在波兰总统府接待厅举行。邓朴方坐着轮椅，我在一旁帮助推着，总统夫人很有礼貌地迎上前来扶了一把。双方谈话时间不长，但紧扣残疾人事业的主题，而且总统夫人对中方介绍的情况很感兴趣，不时提出各种问题。最后，邓朴方表示，欢迎总统夫人在明年方便的时候去中国亲眼看看。尤·克瓦希涅夫斯卡说了句"感谢"，但未道明是否应邀。此时，我插了一句，说她可以总统夫人和基金会主席的双重身份访华。尤·克瓦希涅夫斯卡微微地点了一下头，然后转身对在场的波方电视记者们说："既然中国大使也支持我去访问，那就接受邀请了。"

2002年，应中国残联主席邓朴方的邀请，尤·克瓦希涅夫斯卡访华。除了会谈、参观和游览外，总统夫人还观看了中国残疾人艺术团的演出。她回国后对我讲："这场表演太精彩、太感人了！我是含着眼泪看完每个节目，当时就下决心要邀请这个艺术团来波兰演出。"正是在她的亲

使馆为中国残疾人艺术
团演出精心制作的请柬

自努力安排下，克服了种种障碍，中国残疾人艺术团得以首次访问中东
欧地区。

在与总统夫人的会见中，我首先感谢波方对中国残疾人艺术团的盛
情邀请，并简要通报了艺术团的访问日程及要求。尤·克瓦希涅夫斯卡
表示，这是 1989 年以后来波兰演出的最庞大的高水平中国艺术团，波
方一定会尽力接待好这次访问。届时将安排在全波条件最好的华沙科学
文化宫大会堂演出，总统将作为此项活动的名誉赞助人并亲自出席和致
辞。为扩大影响，波国家电视台将对演出进行现场直播。她还说，基金
会将组织全国各地 2000 多名残疾人代表来首都观看。对此，我表示感谢，
并补充了两点建议：一是增加邀请议会党派议员、社会名流及媒体代表

出席观看；二是在大使馆举行答谢招待会，邀请总统夫人、艺术团全体成员和所有为这次访问作出贡献的人士出席。尤·克瓦希涅夫斯卡当场表示同意，应允一定出席并讲话。

中国残疾人艺术团在国际上闻名遐迩，但在波兰却几乎无人知晓。如何借助这一特殊艺术，增进人民之间的相互了解，并通过展示中国残疾人自强不息的崇高精神，来改变当地媒体及某些政客对我国的意识形态偏见，成了这次友好访问的一项重要任务。为了做好有关的准备工作，像接待高访团一样，使馆高度重视，抽调各处室得力骨干组织筹备接待小组，提前两个月着手统一部署；以"东方神韵"为题，上网推介中国残疾人艺术团的情况，并在使馆的新闻橱窗上展出《我的梦》剧照专辑；精心设计请柬，以大使夫妇名义逐一给受邀贵宾写信，并附送《我的梦》画册；商请当地侨团，协助组织到外地进行专场演出；有针对性地制定专人接送、入住、就餐、排练、演出、游览等"人盯人"的详细预案。

当时我最为担心的，是怎样确保数十名残疾演员同时尽快顺利入住旅馆。住处的条件不是很好，住房分散，而且门口有一个高台阶，难以"无障碍"通行。使馆办公室的同志设想了多种方案，以防出入拥挤和堵塞。出乎我意料的是，无论下飞机、上车，还是入住，都异乎寻常的顺畅而快捷。原来，他们人人有分工，实行"优化组合"：聋哑人分别与盲人和肢残者搭伴，"一对一"互相帮助，集体行动，很容易克服"障碍"。

我还是第一次见到这种场面，颇有感触地对艺术团的领队、中国残联副主席刘小成说："你们这支特殊团队训练有素，是名副其实的伟大群体！"刘领队说："这些残疾孩子都是百里挑一的明星，但并不娇气，都很刻苦，也很听话。唯弱智儿童生活难以自理，只好由他们的家长来亲自管带。"说来也巧，只见走廊里一个大腹便便的小胖墩儿摇摇晃晃地走了过来，并向素不相识的我深深地鞠了一躬。领队介绍说，这就是大名鼎鼎的不识谱的乐队指挥舟舟。他已快20岁了，但智力只相当于3—

波兰总统克瓦希涅夫斯基在艺术团演出前致辞。

4 岁的幼儿。不过一听见音乐，他瞬间就能从浩瀚而复杂的乐章中找到旋律，伴随着挥洒自如的指挥棒，一下子变得风度优雅、神采飞扬。他还有一个超人的本事——无论到什么地方都能辨别出谁是这里的"最高领导"。我赶忙与他握手，并回敬了一躬。

一个实现梦想的夜晚

3 月 21 日，中国残疾人艺术团在科学文化宫进行了首场演出。文化宫坐落在华沙市中心，是二战后的标志性建筑，是苏联赠送给波兰的"国礼"。它建于 1955 年，据说体现了"社会主义内容和民族形式相结合"的设计思想。与同期苏联在其他城市兴建的几座著名的摩天大楼相比，它有三个特点：一是最高，主楼 38 层，还有观景游廊，包括塔尖在内总高度为 270 米；二是整体设计比例协调和谐；三是不仅突出了苏联的建筑风格，也融入了波兰的民族精华。由于波苏之间的历史恩怨，这座无辜的建筑物也险些遭殃。1956 年波兰"十月事件"后，原本以斯大林名字命名的文化宫改了名。1989 年波兰剧变后，有人提出要推倒这座"具有象征意义的"文化宫。经过一番激烈辩论，这座建筑还是保留了下来，但争议仍在继续。

文化宫大会堂内的 2600 个座位全部爆满。波兰总统夫妇、众议院议长、政府部长和 30 多名议员及各国驻波使节等出席。克瓦希涅夫斯基总统致开幕辞。他说，这是一个令人激动、充满梦想的夜晚，这是一个可以实现梦想的夜晚。他的梦想是，波兰 500 万残疾人和世界上 5 亿多残疾人都能与大家一样，克服心理上的障碍，实现自己人生的梦想。他相信，中国残疾人艺术团的演出一定会加强波中两国人民的相互了解，促进文化交流，唤起社会更加关注残疾人。

晚会由波兰电视台最著名的女主持人执导，并配有手语翻译。盲人钢琴家孙岩弹奏了波兰人民最钟爱的音乐家肖邦的作品。要不是看到舞台两侧大屏幕上的特写镜头，观众们无法相信，这激越奔放的琴音竟出自一位双目失明的青年。12 名聋哑少女舒展飘逸的舞姿博得了满堂喝彩，许多观众在欢呼赞叹之余都感到不可思议。残疾人艺术家的每个动作都十分投入，都在着力描绘心中的天堂，诠释多彩的人生。他们表演的每个节目都激起了经久不息的掌声。观众们为他们所塑造的特殊艺术形象而震撼，为他们所表现出的坚强意志而震撼，不少人情不自禁地泣不成声。总统也不断地翘起大拇指，或像观众们一样挥动双臂，向聋哑演员们致敬。

演出接近尾声时，尤·克瓦希涅夫斯卡上台发表了讲话。她说，中国残疾人艺术团和春天一起来到了波兰。她到过许多国家，从未看到过

周晓沛大使与中国残疾人艺术
团全体演员合影。

这样令人惊叹和感动的演出。她讲述了邀请该艺术团来访的经过之后，
动情地说："我看到，整个演出过程中丈夫眼中一直含着热泪，我因此
而更加爱他了！"

　　两个半小时的表演自始至终高潮迭起，台上台下的情感交流自然融
为一体。演出结束时，大厅内的掌声、喝彩和飞吻长达 15 分钟。波兰
总统夫妇向艺术团献了花篮，使馆的女青年向每一位演员献上了鲜花。
聋哑姑娘们走下台来，将鲜花转送给坐在前排轮椅上的波兰残疾儿童。
在一片热烈的欢呼声中，我发现两位表演《千手观音》的女孩捧着鲜花

周晓沛大使向残疾人演员献花，祝贺演出成功。

向我和夫人奔来。我立即迎上前去，用手势将她们引到总统一边。总统夫妇接过鲜花，亲切地拉着她们的手合影留念。总统还同我热烈拥抱，连声说："感谢中国大使，感谢中国艺术家们！"

第二天，使馆为艺术团的成功演出举行了盛大招待会，波兰各界代表300多人出席。总统夫人在热情洋溢的致词中指出，艺术家们的精彩表演体现了中国对残疾人价值的尊重，也展示了当今中国的国力。邀请中国残疾人艺术团来波演出是她的一个"梦"。现在这个梦已经实现了，下一个梦就是波兰也要拥有这样一个残疾人艺术团。总统夫人还对我和夫人说，昨晚看完演出后，总统激动得久久不能入眠，反复说"太美了"。

中国残疾人艺术团的"梦"，也震动了波兰的媒体。《论坛报》发表署名文章，配发《千手观音》的大幅照片，详细介绍了演出的盛况。评论称，《我的梦》是一场感人肺腑、震撼心灵的表演，演员们精湛的表演使人看到了"中华民族自强不息的追求"。《波罗的海日报》连续三天载文介绍中国残疾人艺术团，赞扬中国艺术家"用有限的身体，挑战无限的艺术的崇高境界"。《一览》杂志刊登了演出的彩色照片，大字标题是"梦想已经实现"。

一个星期以后，波兰总统府礼宾司司长专门打电话告诉我，她每天都收到许多电话和电子邮件，包括看到转播的观众们对中国残疾人艺术团的演出赞不绝口，请求转达对这些"美与爱的使者"的最良好祝愿。中国使馆馆员外出或参加使团活动时，人们议论的中心话题也是"我的梦"。

一个艺术团的访问能引起如此强烈的反响，这在两国历史上尚属首次。残疾人演员们以特殊的方式塑造艺术，以特殊的艺术启迪人生，用真情呼唤友爱，不仅弘扬了中国文化，而且加深了中外人民之间的沟通和友谊。

《小杜鹃》和我

姚曼华 （原中国驻波兰大使馆二秘）

　　1953 年 5 月，学校组织我们去看波兰马佐夫舍歌舞团的演出。当灯光亮起，身着艳丽民族服装的男女青年在露天舞台上唱起跳起热烈优美的民间歌舞时，我们的心似乎被点燃了！那是一个多么难忘的夜晚：我们陶醉在这一生首次看到的新鲜而富有魅力的艺术中，沉浸于一种纯真的感情里——须知，这演出来自社会主义的兄弟波兰，观赏它是何等的亲切和幸福啊！

　　自此，马佐夫舍的歌曲便在校园里传开了，其中最受欢迎的是《小杜鹃》，休息时，这里那里，"小杜鹃"都在叫咕咕……

　　上世纪 60 年代，我认识了留波学生小梁。这个青年倒未"鼻孔朝天"（《小杜鹃》第一段歌词为：小杜鹃叫咕咕，少年把新娘挑，看他鼻孔朝天，永远也挑不到），经过一段相处和"考察"，我们便结婚了。波兰的历史和文化往往成为我们的话题，梁还用波兰语教我唱《小杜鹃》。他那嘶哑的嗓音和我那难听的发音，倒也"相映成趣"！不过，这样的日子为时不长，"史无前例"的"文化大革命"来到了。不久，我们又相继走上了"光辉的五七道路"，那无辜的《小杜鹃》也被视为"封资修"，被冷落在旮旯里了。

　　80 年代初，马佐夫舍歌舞团第三次来华访演。这回同去欣赏的，已是一家三口了。相距 30 多年，该团添加了不少新节目，艺术水准也

1963 年马佐夫舍歌舞团访华
演出场景（供图：FOTOE）

大大提高。例如，《小杜鹃》的演唱和配乐就处理得更加丰富和别致，令我异常兴奋。梁见我如此投入，悄声说："你这么喜欢波兰艺术，将来我们一起去波兰？"我没回话，只觉得这事太遥远了。

不料，到了80年代中期，由于形势的发展，我还真随小梁被派往我国驻波兰大使馆，安排在文化处工作。刚到波兰，由于语言不通，我和波兰人交往很困难。和使馆的两个波兰女工碰上时，除问候外，也只能打打手势。一次，当她们打扫宴会厅时，我突然想到，何不试试用音乐来交流？于是，我在钢琴上弹起《小杜鹃》。这一着真灵！只听她们说了声"kukuleczka"（即"小杜鹃"），便来到琴旁，和着琴声唱了起来。从她们的目光中，我看到了好感和亲近。

以后，与波兰朋友交往中，只要场合适当、话题对口，我便顺乎自

马佐夫舍歌舞团团长米拉（右）在赠书上签名。
（摄影：姚曼华）

然地弹奏《小杜鹃》。友人们听到这熟悉的旋律，总会跟着唱起来，大家的情绪也随之高涨。有人说，几乎每个欧美国家都有一两首歌是人人会唱的，这对交流感情、活跃气氛极有帮助。我发现，在波兰，《小杜鹃》便是这样一首歌。

这首歌在波兰能够家喻户晓，应该归功于马佐夫舍歌舞团的元老团长米拉·齐明斯卡·塞格廷斯卡女士。1948年，她与丈夫塞格廷斯基共同创办了该团。塞格廷斯基是位作曲家，该团的歌曲大部分是他根据民歌整理改编的。1955年塞格廷斯基去世后，米拉接替了团长兼艺术指导的职务。她本是著名的演员和歌星，艺术功底深厚。在她的辛勤努力下，该团的节目不断丰富，表演日臻完美。她还为该团改编配写了许多传唱极广的民歌歌词，《小杜鹃》的四段诙谐活泼并富有寓意的歌词，就是她亲自创作的；连歌舞团的驻地也是她捐献的私人房产……马佐夫舍歌舞团终于闻名于世，几十年来演遍五大洲，被誉为"波兰文化大使"，而米拉则成了波兰德高望重的人物。每当她出席某场演出时，全体观众都会为她的到来起立并久久鼓掌。

马佐夫舍歌舞团访华三次，都由米拉率团。她对中国怀有深厚的感情，是使馆的常客，每次出席使馆的招待会，总和大家谈笑风生。1993年春，歌舞团的秘书打电话给使馆：她们听说中国的人参蜂王浆对老年人很有助益，希望能让米拉服用一些。经过一番努力，大使夫妇亲自出马，带着我们一行八人前往马佐夫舍歌舞团团部拜望老朋友米拉。抵达时，只见92岁高龄的米拉正在门口迎候，嘴里还唱着迎宾歌。她对使馆赠送的蜂王浆和工艺品十分珍爱，并当即吸了一支王浆，风趣地说道："可惜来晚了一点，不然，我还会更健康，更年轻呢！"她又亲自签名赠送每人一本她写的自传，还安排团员为我们表演节目，最后以大家欢唱《小杜鹃》作为结束。我算了算，从1953年我首次听到《小杜鹃》到现在，眼前这些"小杜鹃"们应该是第二代或第三代了。真是"人生易老歌难老"啊！临行，米拉踏着舞蹈步子，哼着礼仪曲向我们告别。我望着这位为发展波兰民族艺术奋斗了近一个世纪的老人，肃然起敬。

现在，我已是耄耋老人，为着老有所乐，参加了老干部合唱团。在我们演唱时，依然能听到"小杜鹃"在叫咕咕。

超越文化差异，重新教育自我

鲁安杰（北京外国语大学波兰语教师）

那是 2010 年 8 月，我第一次来到中国。当时我 32 岁，甚至不曾想过自己会和中国结下如此长久的缘分。如今回想起来，我从 30 岁到 40 岁的全部十年几乎都是在北京度过的，从但丁所言"人生的中途"一直到今天，这里发生了很多变化。中国重塑了我，改变了我，令我关注起许多涉及差异的问题。

我来这里，是为了教授波兰语，传播波兰文化之美，然而，在此之前我并不知道，关于中国及其博大精深的文化，我会有如此众多的收获。我也不知道，我会在北京遇到自己的第二个家，而我的中国领导和同事们将很快成为我这个家中的家人。易丽君教授是我必须提到的人，她的睿智、坚韧和尊贵以及其他高尚的品质，都深深打动了我。

在九年前那个 8 月的上午，我觉得，我所抵达的这个地方必定会是一个对我而言在所有方面都与众不同的地方。当时的北京就已经很现代化，我感觉自己几乎每天都会被日新月异的城市建设和最顶尖的建筑设计师们新潮而又美观的设计所震撼。同时，这里悠久的传统文化也令我折服。如今我已经 41 岁，仍生活在北京，我在审视中国所给予我的使我作为一个人、一个教师和研究者，得以受到重塑的一切。

中国首先教会了我在传统和悠久的历史面前保持谦卑。每一次，当我游览新的地方、新的城市和新的村庄时，当我和当地居民用汉语交流时，我都在重新学习。我意识到，我们自身隐藏有巨大的潜力——在我们自己的国家、在故乡、在母校里，有时我们无法发掘这种潜力。这种潜力是对差异的包容、对地方特色的包容，有人把这种特色称作"异域风情"，还有人称作"东方格调"。这种对截然不同、丰富多彩和千差万别的一切的包容态度，成为我在中国生活的指向标。多少次前往长江两岸的远游，多少次在杭州西湖和青海湖岸边欣赏日升日落，这一切都教会我适应差异，并去认识与欧洲美学如此不同的美。指引我的，不是今天在波兰以时尚的方式复兴的"东方主义"——随着对中国的兴趣日益浓厚，人们在一次旅行过后就能写出报告文学式的游记来。如此认识中国，只能用"浮于表面"和"缺乏谦卑"来形容。毕竟，要了解"中央之国"，需要经年累月，需要许多经历和观察，需要多和中国朋友们见面，需要长时间的交谈，需要常常接触"差异"。只有通过这种方式，观察者才能成为一个集体的一员，而不再置身其外。只有通过这种方式，"外人"才能接触并了解悠久的中国传统文化。首先是谦卑，然后才可以开始价值判断，作出评价并进行对比。这是培养比较学家和专业研究者的途径，我不认为我是这样的专家，但在我看来，这是一个来自异域文明且想要接触中国现实的旅行家应当具备的品质。

人们可能会觉得，人不能两次踏入同一条河流。2015年，当我在北京外国语大学工作五年后离开北京时，我相信生活就是这样的，赫拉克利特式的流变主导着我的——而且不仅是我的——选择。但很快我就发现，事实并非如此。两年后，已是2017年8月，我回到了我的北京，回到了我的大学，回到了我的家。仿佛在否定赫拉克利特，我说，这一切竟然可以重来，而重复这趟充满智慧与美的旅程将使我有更多收获。希姆博尔斯卡在《没有第二次》诗中思考光阴和事件的不可重复性，然而对于我，2017年的回归是我整个中国生活的延续。下飞机后，我感觉好像并未长时间离开此地，反倒像是在一场较长的旅行后回到家里一样。

鲁安杰（右1）和易丽君教授（右4）与
北京外国语大学波兰语专业学生合影。

　　实际上，其间我住在克拉科夫的两年算不上中断。那时我在雅盖隆大学和克拉科夫"斯塔夫"第二十中学工作，但一直按照中国方式生活，而中国也一直存在于我的心中。回到克拉科夫后，我很快就编写了以了解汉语和中国文化为宗旨的教学项目。让我感到惊讶的是，克拉科夫的高中生们如此乐意响应我的号召，加入"中国迷"的行列。两年里，斯塔夫中学的高中生们非常积极地参与到由克拉科夫孔子学院举办的各类活动中。他们参加了"从孔子到成龙"的比赛，并在这场波兰全国闻名的文化盛事中获奖。与克拉科夫孔子学院的良好合作通过多种方式取得了成效。首先，这些高中生们开始学习汉语，起初是一个班，第二年时已经有两个班了。参加了多次推广活动，例如与在雅大学习的中国波兰语专业学生们交流之后，克拉科夫的学生们对中国兴趣之浓厚大大出乎我的意料。参加中国文化和语言班学习是克拉科夫的高中生们作出的非常合适的选择。正是那时，组织北京及周边地区游学团的想法诞生了。组织这样的游学团，是为了让年轻的中国文化爱好者们能够将自己对中国的想象与亲身经历进行对比。

第一届游学团于 2018 年 9 月成行。克拉科夫二十中学的 14 人青少年团在我的带领下启程前往北京，以便从中国之"中"认识中国。两周的北京之旅给这些年轻人带来了许多非比寻常的体验，但最重要的是，就像我一样，这次旅行教会了他们在创造出了并仍在创造着宝贵财富的文明面前保持谦卑。那时我明白了，我在年轻人中间打破刻板印象的教学尝试取得了巨大成功。这些年轻人眼中闪烁的光芒就是对我最大的奖励。他们吸收着关于中国的每一条信息，尝试着独立欣赏每一处北京古迹，观察这里的日常生活以及在他们面前上演的艺术。

这是一场梦幻之旅，返程后，我发现很难把这些年轻人从这场梦中唤醒，不是因为他们陷入了幻想之中，而是因为与中国的邂逅是教会他们谦虚并保持包容姿态的一次特别经历。对这些来自波兰的年轻人而言，与中国的名胜古迹、与生动的中国文化的接触，是一次不一般的人生体验。一方面，他们看到了隐现于颐和园万寿山上的那些震撼人心的木制建筑，例如供奉着千手观音的佛香阁，另一方面，他们看到了充满现代气息的国贸和三里屯，还有全球最大的天幕之一——世贸天阶，以及先锋派的央视大楼、无数写字楼和高档商店。这些只是他们游学的一些片段，像这样的旅游景点他们还看了很多很多。

当然，最有价值的一定是与当地人的交流，对来自克拉科夫的年轻人而言也是如此。在他们的回忆中，同北京外国语大学欧洲语言文化学院波兰语专业学生们的交流有着特别的意义。交流过程中，中国的波兰语学子们准备了文艺节目，用波兰语和汉语演唱了歌曲，而波兰高中生们则组织了克拉科夫知识问答，并为获胜者送上波兰奶糖和其他波兰甜食。两个不同文化的代表们的另一次重要交流发生在北京的一所高中里。克拉科夫的年轻人们难得有机会与自己的同龄人交流观点、感想和观察所得。这些波兰学生们结识了许多优秀的中国高中生，并和他们聊教育及生活方式。这对于他们来说是一堂无比丰富多彩的文化交流课，他们与许多同学建立了联系并互相添加微信。北外附属外国语学校是一所非常优秀的学校，那里的学生们每周有 20 个小时的英语课。因此，双方学生在交流和互相理解上没有任何问题，所有文化壁垒都消失了。这一天很特别，也非常成功。回到克拉科夫后，这些高中生回忆道："我们永远不会忘记一起在早餐时吃包子、茶叶蛋，喝豆浆，吃冰棍的时光，不会忘记种类繁多的中国美食。最重要的是，在北京我们每天都能看到中国人的微笑，看到生命的喜悦与活力。和他们一起在城市广场上跳舞时，我们感受到了他们的真诚、热情和幸福。我们希望，这只是我们游历中国的开始！"

由我发起的中国游学项目只是了解中国文化、习俗和中国人的一个例子。克拉科夫二十中学这些年轻的波兰人被中国人的好客之情所吸引，决定再次前往中国。第二届游学团是在我已经回到北外后组织的，组织者是我的两位女同事——我对中国的热情和喜爱同样深深影响了她们。这批年轻人于 2018 年 4 月来到中国，他们不仅游览了北京，还参观了大同的悬空寺及云冈石窟。克拉科夫的高中生们再次有缘同北外的波兰语学子们交流，并拜访上届游学团曾去过的那所北京的高中。这次，克拉科夫的学生们收到了一份非常别致的惊喜，那就是体验京剧脸谱艺术绘制工作坊。克拉科夫二十中学的老师们计划于 2020 年春组织下一届游览北京和周边地区的游学团。

可能有人会提出这样一个幼稚的问题：不过是一所克拉科夫高中（在波兰，这样的学校越来越多）的学生，怎么可能如此乐意游览中国？

这个问题的答案很简单：是波中人民之间的友谊使这种超越文化差异和文化壁垒的交流活动成为可能，在这些交流活动中不乏良好且有建树的榜样和先例；是波中两国间的友谊造就了我们包容与体谅、开放与理解的姿态。这些学生中的一部分无疑会回到中国，在这里开启大学生涯或参加留学互换。克拉科夫的高中毕业生们现在已经获得了很多支持他们在中国上大学的奖学金。他们当中有些人选择去（雅盖隆大学）近远东中心学习，有些申请孔子学院和中国国家汉办多种多样的留学项目，有些在高考过后直接来中国上大学。这证明我对中国的爱和热情打动了他人，尤其是波兰年轻一代的人。对一位老师而言，这或许是最好的奖赏。

北京外国语大学的波兰语学子是一批热爱中国文化的人，他们以客观且优雅的方式在波兰传播着中国文化。我的学生们在波兰进行为期一年的语言学习时践行的一系列创意见证了这一点。参加由克拉科夫二十中学举办的一年一度的"小波兰省外语诗歌比赛"是他们传播中国诗歌、歌曲、舞蹈、美食及书法的活动之一。该比赛的决赛每年 3 月举办，北外的波兰语学子们每次都为此准备了丰富多彩的文艺节目。从 2015 年起，学生们、比赛获胜者们、老师们、家长们和嘉宾们对他们节目的兴趣从来不曾消减。美丽的中国服饰、扇子舞，充满韵味的唐诗以及用毛笔书写汉字时轻盈的笔触，让二十中学的这一天变成了体验美与开拓视野的特别日子。这些年轻人以赤诚之心讲述着源远流长的中国文明的故事，没有比他们更好的文化大使了。这些学生参与了许多在克拉科夫、罗兹和卡托维兹举办的大学活动，这表明今日的波中文化交流正经历着自己的"复兴"。众多中国波兰语专业学生去往波兰，他们在暑期班、一年制语言班、研究生学习和其他交流中的实践表明，对于中国人来说，波兰是一个有趣的地方，值得在那里推广另一种更加深刻也更加开放的国际视野。在大学"文化之夜"及大使馆、学校和公共机构开放日期间举行的中国文化展示，彰显了中国文化在波兰长盛不衰的地位。这是难得的机会，让波兰人得以了解中国历史悠久的宝贵财富，近距离接触这个文明的美，而最重要的是让他们以开放的心态对待这个文明奇妙的魅力。了解其他文化并与其进行友善的对话，是学会养成包容体谅心态的最佳途径，这样的学习有可能转化为热情与爱。

通过文化交流，我们变得更加成熟，视野更加开阔，理解了不同事物间的细微差异，试着以谦卑的心态看待其他文化及其财富。对老师们而言，最大的奖励是看着自己的学生们不断成长，从年轻人的潜力中发现巨大的天赋、爱与激情。我的一位学生、"我眼中的波兰"全国征文比赛获奖者朱漪露认为，"波兰并不仅仅是地图上标注出的一个国家名称，它是一份美好与留念，值得被永远珍藏在我记忆的深处。"这份对波兰的爱源于她的亲身经历，源于她在波兰的游历，源于她在北京上的波兰语课，也源于——正如她在自己的文章里所言——波兰人的开放包容。"我欣喜地发现，越来越多的波兰人开始关注和了解中国文化。当我们身着旗袍汉服，手执绢扇，伴随着古典音乐的节拍缓缓走出时，波兰友人们皆被这份古典美的韵致所折服。而一些例如扇子、旗袍、中国结之类的中式物件，也引起了波兰民众的极大兴趣。"彼此欣赏各自的文化，这一发现是波中两国长久关系的最好证明。

最后，回到我开头所讨论的，就像中国的波兰语学子能够欣赏波兰文化一样，我，作为一名在北京教书的波兰教师，在历史悠久的中国文化宝藏中度过的每一天都令我赞叹。由此，我学会了包容和开放。中国每天都在塑造着我，与这一杰出文化的接触让我在这片土地上每迈出一步都感到十分亲切。我深信，这一过程会持续下去，而我会在新的、尚且未知的智慧和美的体验中充实自己。

华沙和奥斯维辛的记忆

高　帆 （新华社对外部俄文室主任编辑）

2008—2015 年，我曾在莫斯科及华沙分社任驻外记者。期间，我专访过科莫罗夫斯基和杜达两位波兰总统，赴现场报道过卡钦斯基总统坠机等重大突发事件。

华沙老城：凤凰涅槃

拥有波兰克拉科夫大学博士学位的英国人诺曼·戴维斯曾写过一本书，名为《上帝的操场：波兰史》。地理位置夹在大国中间的波兰，似乎注定命运多舛。但正像华沙的象征——持剑的美人鱼一样，不屈的民族格外令人肃然起敬。

波兰是二战的重要战场，华沙又是波兰战场的重中之重。战争结束后，整个华沙城几乎被夷为平地，绝大部分建筑物被毁，古城更是只剩下残垣断壁。二战后，曾有人断言："华沙不会重现在人间，至少在百年内不会。"然而，勇敢不屈的波兰人民凭借着智慧和才能，按照战前测绘并完整保存下来的建筑图纸，把能找到的原始材料，哪怕只是一砖一瓦都利用起来，仅仅在战后 20 多年的时间里，便重建了一座与战前"一模一样"的华沙城。建设速度之快，令世人刮目相看，被赞誉为"华沙速度"。

华沙老城广场（摄影：高帆）

　　华沙在建设过程中完美地处理了重建和保护两大任务：既要在废墟上重建，恢复原貌，重现历史；同时，为了让后代记住这段历史，还需要将战争遗址保存下来，以警示后人。1980 年，修复如旧的华沙古城被纳入联合国《世界文化遗产名录》，也成为名录中唯一的完全重建案例，这本身就是个奇迹。

　　今天的华沙城祥和宁静，看着"古城"中那一座座教堂、博物馆，你很难相信它们居然是复建出来的。但细细品味，认真端详，似乎又能从城市的一砖一瓦中读出历史的哀鸣。漫步在华沙街头，经常可以看到各种形式的战争纪念牌，或者悬挂在某一个建筑物的墙上，或者在一块空地上树立一个纪念碑，上面撰写着"某年某月某日，此处发生过一场战斗，波兰士兵为了国家的独立与自由献出了自己的生命"，有名字的

奥斯维辛无处不在的铁丝网（摄影：高帆）

刻出姓名，没有留下姓名的便是无名英雄。

二战结束后，波兰历届政府都会注意利用各种机会纪念那段历史。从对波兰人有着特殊意义的华沙起义，到打响二战欧洲战场第一枪的维斯特普拉特半岛上的和平标语，以及奥斯维辛集中营解放周年祭，等等，中央政府都会组织全国性纪念活动，其中包括不同规模的阅兵或和平游行。除此之外，各种地方性纪念活动也林林总总。形式虽有不同，目的只有一个，就是让人们勿忘历史。历史教育也贯穿每个波兰人的学生时代。学校每年都要组织参观与二战相关的博物馆和纪念地。很少有波兰学生没有参观过奥斯维辛集中营或没有去过二战爆发地。可以说，聆听历史、回望历史是波兰人的必修课。

而工作、生活在波兰的我，也深深受到了感染。记得有一次应波兰友人邀请去其华沙郊区的私人别墅做客，茶叙之后，朋友带我参观了离他家不远处的一块纪念碑，细细地讲述了二战期间发生在此地的一场其实不算大的战斗，并为在那里牺牲的同胞献上了芬芳的鲜花。

奥斯维辛："死亡工厂"

凡是对二战历史稍有了解的人，恐怕没有不知道奥斯维辛集中营的。

奥斯维辛位于波兰西南部，是一个只有数万居民的小镇。在波兰，像这样的小镇有许多，唯有它被全世界铭记，原因就是第二次世界大战期间，纳粹德国在这里建立集中营，小镇因此为世人所熟知。奥斯维辛集中营是纳粹德国在二战期间修建的众多集中营中最大的，包括大批犹太人在内的上百万人在这里被纳粹德国用尽各种极其残忍的手段毫无人性地予以杀害，它因此又被称为"死亡工厂"。

我也曾多次来到过这里，每参观一次，心灵就被震撼一次，每次的心情都非常沉重，看过之后思绪万千，久久难以平静。走近奥斯维辛集中营的入口铁门，人们就会看到纳粹让囚犯们制作的标语"劳动换自由"。但是囚犯们深知这只是谎言，所以他们故意将字母 B 倒着安放，表示他们已经知道等待着自己的将会是什么。

走进奥斯维辛集中营，凝重和压抑很快就变成了恐怖。尤其是在观看实物时，心情尤为沉重，几乎难以用语言来形容此时的心情。一个百十平方米的房间里堆满了数不清的鞋，而对面另一个房间里则是满满的头发，有棕色的、金色的、黑色的，旁边的房间里满是死难者遗留下来的堆积如山的皮箱、衣服以及眼镜。还有用人发制成的毯子等令人惨不忍睹的物证。凡是参观过奥斯维辛纪念馆的游客，无不为那些惨绝人寰的场景所震撼，为无辜的死难者惋惜。离开时，人们表情都异常凝重，都在思索着这样的问题：这数以百万计无辜死难者的亡灵能否警醒后人？如何避免这样的悲剧再次发生？世界和平如何才能维护？

新华社记者独家专访奥斯
维辛集中营幸存者阿林娜
（摄影：高帆）

　　带着这些问题，我和同事经过多方联络，终于独家专访到奥斯维辛集中营的生还者——阿林娜·东布罗夫斯卡女士。

　　1939年9月，波兰被德国占领。阿林娜因为在学校学习德语，会使用打字机，被送到一家德国公司工作。阿林娜和一起工作的波兰工程师参加了抗德地下军组织，因此于1942年被捕，一年后被送往奥斯维辛集中营。

　　奥斯维辛集中营建于1940年，是纳粹德国在二战期间修建的最大集中营。"到了集中营后，他们没收了我们所有的东西，然后在我们的胳膊上刺上了号码。"阿林娜挽起袖子，"44165"的数字仍然依稀可见。这就是她在集中营中的代号，更记载了那段无法忘却的痛楚。阿林娜略微停顿了一会，接着说，她所在的集中营牢房里关押了几百人，都是女性。所有人都被剃了光头，穿着脏衣服。牢房里有上、中、下三层床，她睡在最下面一层，也就是地上，除了破毯子什么都没有。集中营里每天早晚都要"集合"，接受检查，清点人数。但是，让阿林娜印象更为

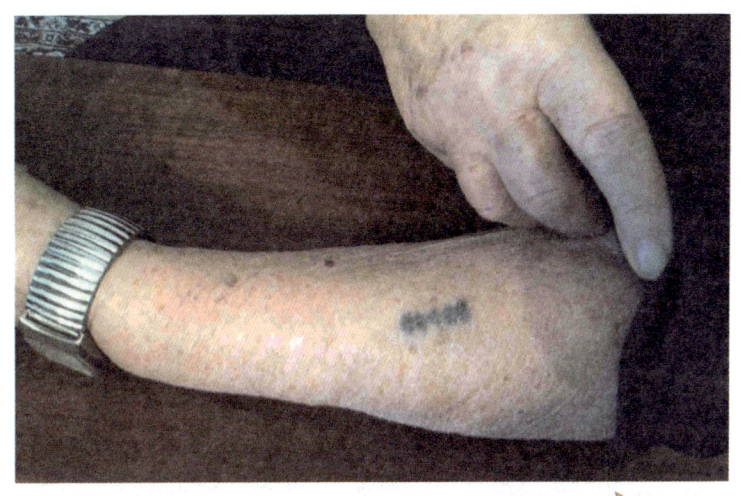

阿林娜展示胳膊上在奥斯维辛
集中营里的编号刺字"44165"
（摄影：高帆）

深刻的是"筛选"。她说："集中营的纳粹士兵会定期过来检查，看我们的脸色，挑出生病的、年老的、无法工作的。被选中的人会马上被拖出去，也可能是被记下号码，两三天后被送往毒气室……"

1945 年 1 月 27 日，苏联红军解放了奥斯维辛集中营。2005 年 11 月 1 日，第 60 届联大全体会议一致通过一项议案，决定将每年的 1 月 27 日定为"国际大屠杀纪念日"。于是，每年的这一天，在国际大屠杀纪念日暨奥斯维辛集中营解放周年之际，来自世界各国的代表都会在波兰奥斯维辛参加纪念活动。

二战结束、集中营被解放几十年后，阿林娜才逐渐走出了阴影。"集中营给我留下的深重创伤使我 50 年都没有勇气回去，我没法面对那个地方，脑海中总是浮现出那些悲惨的场面……直到 2000 年，我才第一次回到奥斯维辛。"

华沙犹太人殉难纪念碑。1970 年，联邦德国总理勃兰特在这里敬献花圈后突然下跪。（摄影：高帆）

　　谈到战后德国面对自己的过去，向波兰人民道歉并赔偿时，阿林娜说，"最有名的就是时任德国总理勃兰特的道歉。德国当时向犹太人道歉，并向受害者赔款。"除此之外，德国还设立了两大慈善组织，一个是基督教组织，一个是天主教组织。其中一个组织到今天还在工作。此外，德国政府经常邀请包括阿林娜在内的受害者到德国去，向大家讲述二战时纳粹的所作所为。

　　战争留给阿林娜的心灵伤痕至今无法抚平，她深知和平的宝贵。如今已 80 多岁高龄的她，依然在为促进波德两国民众的友好关系而努力。"我现在仍然每年到德国科隆、柏林等城市，同青少年和成年人会面，讲述二战期间纳粹的残忍行径。"阿林娜说，她这么做，就是希望不要再发生战争。

正确对待历史才能化解历史恩怨。1970 年 12 月 7 日，时任联邦德国总理勃兰特访问波兰，他在华沙犹太人殉难纪念碑前敬献花圈后突然下跪，为纳粹德国侵略期间杀害的死难者默哀。这一举动惊动了全世界。随后，联邦德国与波兰签订了关于改善两国关系的《华沙条约》。

波兰著名德国问题专家托马拉教授及其夫人卡琳是波德关系改善的见证者。在纳粹德国占领波兰时期，托马拉先后三次成功躲过追杀，幸免于难。二战过后，托马拉赴波兰驻德国使馆工作，在那里认识了小他十多岁的德国姑娘卡琳，两人结为秦晋之好，并定居华沙。婚后，托马拉夫妇常常讨论波德关系。卡琳说，对于勃兰特华沙下跪的举动，起初在德国国内的反响很大，有许多人感觉难以接受——主要还是面子的问题，认为勃兰特做得有失德国尊严，有点过分。但随着时间的推移，尤其是此跪之后，波兰人以及整个欧洲对德国的谅解和友善，慢慢改变了德国人当初的看法，越来越多的德国人从当初不大愿意接受，到最后赞同，也有一个转变的过程，这个过程就是对过去历史责任的深刻反省。托马拉教授认为，只有如此，才能赢得尊重和谅解。

中国人的肖邦情结

俞瑞琳 （原中国驻波兰使馆一秘）

提起波兰，很多中国人会不由自主地想到"钢琴诗人"肖邦，这不仅是因为肖邦出生在波兰，更主要的是因为肖邦半生漂泊异乡却始终情系桑梓的爱国情操，与中华民族数千年来推崇的"仁义礼智信"传统美德高度契合，他创作的充满忧国伤时感情色彩的音乐与中国的曲体颇为相像，更能引起中国民众的共鸣。如今，肖邦故居、肖邦公园、肖邦雕像、肖邦博物馆、肖邦音乐学院、肖邦音乐厅、肖邦音乐座椅、肖邦机场，等等，人们林林总总、有意无意地播撒着肖邦的气息。肖邦已然成为波兰国家的名片、中国人的孜孜追寻。

中国人心驰神往的肖邦故居

肖邦是个神奇的人物，他的居所、成长环境、家庭情况无一不引起中国人浓厚的兴趣。因此，尽管肖邦故居坐落在距离首都华沙 50 多公里处一个叫热拉佐瓦·沃拉的小村，位置偏僻、交通不便，仍有不少中国人，包括高层领导会不顾舟车劳顿前往参观。我也多次去过那里，试图探求肖邦成才的奥秘，其中最难忘的一次，是 2000 年 12 月随同时任中国外交部长唐家璇率领的代表团前去参观。当时，中国著名钢琴家李云迪刚刚在"肖邦国际钢琴比赛"中夺得冠军，人们都还沉浸在对那精彩而激动人心的瞬间的回味之中。那天，华沙大雪初霁、寒风萧瑟，但我们并未因此停住寻迹肖邦的脚步。当我们一行乘车抵达肖邦故居时，但见一幢坐东朝西的二层小楼，深灰色的屋顶、乳白色的窗户镶嵌在浅茶色的墙壁上，掩映在参天大树和攀墙植物中，显得格外淡雅、恬静、秀丽。小楼外是一片庭院，四周被白雪覆盖着的草地隐约露着稀疏发黄的叶茎，肖邦雕像耸立，小桥流水，琴声轻扬。故居博物馆馆长笑容可掬地迎上前来同我们打招呼，她的热情驱散了寒冷，让我们立刻感到浑身都暖和了起来。她在车前同唐外长稍作寒暄后便引导我们进入小楼，滔滔不绝地讲起了小楼历史，肖邦离开波兰前的学习、生活等情况。

原来，这里曾是一个叫斯卡尔贝克伯爵的贵族的庄园。肖邦的母亲尤斯蒂娜·克舍让诺夫斯卡是伯爵的远房亲戚、庄园管家，与肖邦的父亲、庄园私人教师、法国人尼古拉·肖邦相识结婚后，曾在这幢小楼里住过，并于 1810 年 2 月 22 日生下了弗雷德里克·肖邦。但是，肖邦在这里生活了半年多后便因父亲应聘任教华沙寄宿中学而随全家迁居去了华沙。以后，几经沧桑，庄园早已荒芜。这幢小楼是在原地按原貌重新修建的，展示着肖邦的出生房间、出生证明、洗礼证明，生平弹过的第一架钢琴、谱写的第一首曲子，幼时创作的诗歌和绘画，以及最后一幅临摹肖像画等。

肖邦在音乐领域的辉煌成就得益于母亲的启蒙教育。他的母亲虽未受过高等教育，但弹得一手好琴。受其影响，肖邦很小就能默写下母亲弹过的曲子，6 岁拜师学琴，7 岁写下钢琴曲《G 小调波罗乃兹舞曲》，8 岁登台演奏，崭露出非凡的音乐天赋，不满 20 岁便成了华沙公认的钢琴家和作曲家，被誉为"波兰的莫扎特"，并以"音乐天才"的优评完成了在华沙音乐学院的学业。肖邦不仅是音乐天才，也是相当有才华的作家和画家，其手迹与他的音乐风格类似，充满了诗情画意的浪漫情怀。

当我们辞别前问及肖邦创作的灵感来源时，馆长介绍说，肖邦的出生地位于波兰马佐夫舍地区，当地人能歌善舞。肖邦长大后，每逢节假日都会来这里探亲访友，并与当地人同歌共舞，当地的歌舞深深地刻入了他的脑海、溶进了他的血液，为他日后的音乐创作提供了丰富的宝藏。她并提及李云迪在"肖邦国际钢琴比赛"中的卓越表现，绝口称赞李云迪对肖邦音乐的独到理解和成功演绎，表示欢迎更多的中国朋友来肖邦故居参观。我们在热烈、友好的气氛中结束了参观活动。

圣十字教堂内安葬着肖邦心脏的廊柱

中国人景仰膜拜的肖邦心脏

肖邦的心脏安葬在位于华沙市中心克拉科夫郊外大街的圣十字教堂。这是一座巴洛克式的天主教堂，始建于 1679 年，1696 年竣工，是肖邦离开波兰前常去祈祷的地方。肖邦 1849 年病逝于巴黎后，遗体被安葬在拉雪兹公墓，心脏则按照他的遗愿于次年运回了波兰。我赴巴黎出差时曾专程赴拉雪兹公墓祭奠，在波兰工作期间也专门去圣十字教堂进行了祭拜。当时，教堂的一位牧师知道我的来意后，把我带到教堂左侧第二根廊柱前，对我说，肖邦的心脏就安葬在这根廊柱里。我顺着他手指的方向一看，廊柱上刻着"这里安息着肖邦的心脏"的纪念碑文，两侧是可爱的小天使浮雕，上方是肖邦表情忧郁的雕像。牧师介绍说，廊柱背面有个暗门，很少打开。据他了解，仅在美国总统老布什访问波兰时打开过一次。把肖邦的心脏安葬在那里面，除了表示肖邦回到了自己的祖国，还寓意他永远在为波兰祈祷。正因为有肖邦的心脏，圣十字教堂也被波兰人视作"祖国的心脏"。此外，教堂里还安葬着波兰诺贝尔文学奖获得者、长篇小说《农民》的作者莱蒙特的心脏，以及其他一些著名艺术家、科学家和宗教界人士，如外国意识流小说的代表人物普鲁斯、天主教会主教拉杰约夫斯基等，他们的雕像和铭牌也都刻在了廊柱上。

说起教堂的历史，牧师不由地黯然神伤。他说，正如教堂门口那座"耶稣背负十字架"的雕像所昭示的，在第二次世界大战期间，这座教堂也未能幸免于难，与这座城市、这个民族一起经历了悲惨的命运。华沙起义发生后，纳粹德国的飞机开始对华沙进行狂轰滥炸，教堂三分之二的建筑被凝固汽油弹烧毁。危难关头，教堂神职人员不顾个人安危，兵分两路，一路前去抢救教堂资料，另一路在教堂的残垣断壁中寻找存放肖邦心脏的盒子。据幸存人员回忆，当时共有 12 位神职人员参与寻找肖邦心脏的行动，七人被炸死，其中两人为保护存放肖邦心脏的盒子用身体去抵挡炸弹而牺牲。如今所见的这个教堂系 1946 年重建，也是战后最早获得重建的。每天，驻足这里的中国游客络绎不绝，他们既是为瞻仰肖邦这位历史上最具影响力和最受欢迎的钢琴作曲家、波兰音乐史上最重要的人物，也是为了解这座教堂乃至这座城市、这个民族悲壮的历史和波兰天主教文化。

中国人流连忘返的肖邦博物馆

肖邦博物馆是任何一个中国游客都不会错过的了解肖邦、欣赏肖邦音乐的理想去处。它坐落在华沙市中心国立肖邦音乐学院旁边的奥斯特罗夫斯基宫内，这是 17 世纪末建造的一座巴洛克风格的宫殿，共三层。据介绍，如同波兰多舛的命运，几百年来，奥斯特罗夫斯基宫殿内部曾数易功用：1859 年成为音乐学院的所在地；1944 年华沙起义期间，几乎全部被夷为平地；第二次世界大战结束后，波兰人民根据前人保存的图纸进行重建，于 1954 年基本恢复宫殿原貌。这里曾是肖邦协会的所在地，在肖邦 200 周年诞辰时，改建成集欧洲古典与现代化为一体的肖邦博物馆。旁边的国立肖邦音乐学院，于肖邦出生当年即 1810 年成立，是一所历史悠久、规模宏大的音乐学院，至今已有 200 多年的音乐传统和教学经验，也是欧洲最古老的音乐学院之一。

我第一次去肖邦博物馆，是为尽地主之谊，陪同一位来波兰进行学术交流的钢琴专业的朋友参观。我清楚地记得，一踏进博物馆，我的朋友就被众多的展品、现代多媒体技术的运用及声光效果吸引住了。他一边徜徉在超过 4600 平方英尺的展馆内，仔细观看陈列的 500 多件展品，包括肖邦生前最后一次弹过的钢琴，还有 2500 多本相关资料及照片等，不停地称赞这是世界上搜集肖邦手稿、乐谱、画像、照片等相关资料最丰富的地方，不愧是一座高水准的个人传记类博物馆，一边试着使用高科技手段欣赏肖邦的艺术作品：一会儿踩着玻璃地板仰望星空璀璨，一

集古典和现代
于一体的肖邦
博物馆

会儿戴上耳麦倾听琴声缓缓。在一架可以自动演奏的钢琴前，他将乐谱翻了一章又一章，把钢琴曲听了一段又一段。特别是当他翻动乐谱时，墙面上便会投射出巨大的画像，营造出 19 世纪巴黎沙龙的意境。他因此深深地陶醉了，久久不愿走开……

　　肖邦39年的短暂生涯一半同华沙紧密相连，另一半是在巴黎度过。在巴黎，他经历个人演奏会被冷落的失意后，便开始潜心作曲，并将波兰民间歌舞和游历德国、法国、西班牙等欧洲国家时记下的曲调融入自己的创作，走到了音乐创作事业的顶峰。他一生以钢琴曲为主共创作了约200部作品，其中绝大部分在巴黎完成，主要有钢琴协奏曲、奏鸣曲、叙事曲、谐谑曲、练习曲、圆舞曲、前奏曲、夜曲、摇篮曲等，还有17首波罗乃兹舞曲、58首玛祖卡舞曲，体裁多样、内容丰富、感情朴实、手法简洁。我的这位朋友多年从事肖邦及其作品研究，颇有造诣。他告诉我，肖邦的音乐如同其人，极具吸引力，有瑰丽的色彩、丰厚的情韵，却从不刻意和夸张；常常在冲跃到力量巅峰的呐喊、宣叙、挑战和柔软、隐婉、细腻、遐想、梦幻这两极间行进，于明快流畅中燃烧着裹挟一切的力量，其激情、柔情、忧郁、梦幻皆于织体的内在平衡中微妙、自然、和谐、肖邦式地融为一体。他的音乐虽然距今已有近200年的历史，但从未因时间的流逝而失去价值，相反，始终在以富于感情而非常深刻的语言，有力地将人们带入充满诗意的境界。

　　他还告诉我，在肖邦的作品中，玛祖卡舞曲是与肖邦的民族根源有着显著联系的一种体裁，融合了马祖尔舞曲、库亚维亚克舞曲和奥别列克舞曲三种波兰民间舞曲的因素。这三种舞曲都是三拍子的，其中马祖尔舞曲更为欢快热情，有强烈的重音；后两种舞曲的旋律和节奏要平稳一些。这些舞曲与圆舞曲的不同在于它们的重音不是总在第一拍，而是可以落在小节的任何一拍上，音乐的主题是不断向前跳进的，与中国的曲体如三国时代著名文学家、音乐家阮籍的《酒狂》的写作手法和创作思维是完全相通的。这也是肖邦音乐能在中国广为传播的主要原因之一。

中国人心领神会的肖邦音乐

　　"肖邦国际钢琴比赛"是世界上最著名、历史最悠久的钢琴比赛之一，在肖邦音乐于第一次世界大战后被世人曲解为靡靡之音、甚至不被列入音乐教学内容的背景下，由波兰钢琴家和音乐家们设立，旨在弘扬肖邦的音乐精神，挖掘优秀的肖邦音乐诠释者。自 1927 年起，每隔五年在波兰首都华沙举办一次，迄今已有 90 多年的历史。每次，来自全球的众多青年钢琴家都会云集这里，一展自己的艺术才华。在这项赛事中，中国的钢琴家们一直有着非凡的表现：1955 年，傅聪在华沙夺得大赛第三名以及历来为波兰选手包揽的肖邦《玛祖卡舞曲》"最佳演奏奖"；1960 年，李名强获得第四名；2000 年，时年 18 岁的李云迪在该项赛事已连续两届空缺第一名的情况下一举夺冠，成为历史上最年轻的冠军。同期，陈萨获得第四名。他们两人还获得了肖邦《波罗乃兹舞曲》的"最佳演奏奖"；2005 年，来自香港的李嘉龄获得第六名。2015 年10 月，李云迪再次回到当年演奏的华沙国家音乐厅，成为该项赛事最年轻的评委。

　　中国钢琴家们在"肖邦国际钢琴比赛"中取得的巨大成功，引起了国际社会的广泛关注，不少记者提出了中国人为何能在"肖邦国际钢琴比赛"中取得好成绩的问题。记得有一位中国外交官在回答记者的类似提问时是这样说的："这固然与中国人勤奋刻苦的秉性有关，但更重要的是肖邦所处时代的波兰和当时的中国有着共同的命运，两国人民都在为反对列强欺凌而战斗。肖邦以强烈的爱国主义思想为创作主旋律，充满思乡情、亡国恨的音乐犹如'花丛中的大炮'，不仅极大地激励了波兰人民争取国家独立的斗争，也极大地鼓舞了中国人民追求民族解放的斗志，因此，更易为中国人所理解和解读。正如鲁迅在谈到他向国人介绍波兰诗歌的目的时所说，'中国境遇，颇类波兰，谈其诗歌，即易于心心相印'，谈肖邦音乐，其实亦然。"

这位外交官的回答一语中的、掷地有声，赢得了在场记者的热烈反响，也给我留下了深刻而难忘的印象。当然，事实上，中国社会各界一直在努力推广肖邦音乐也是其中的一个重要原因。据记载，1934年，上海国立音专首次举行了肖邦作品音乐会。1945年，由美国哥伦比亚影片公司拍摄的肖邦生平故事片《一曲难忘》上映当年即在中国公映。1999年，在肖邦逝世150周年之际，也即在联合国教科文组织确定的"国际肖邦年"期间，北京、香港等地相继举办肖邦作品演奏会、音乐会，以肖邦为主题的展览会、讲座等一系列纪念活动。2002年，北京举办了"肖邦岁月——波兰音乐周"。2018年，肖邦国际艺术节系列活动正式在中国落户。

中国政府也积极传播肖邦音乐，于2015年携手波兰政府，沿袭肖邦国际钢琴比赛的赛程、赛制，在确保评委的最高标准基础上，正式启动了"肖邦青少年国际钢琴公开赛"，俗称"小肖邦比赛"。该赛事被誉为"键盘上的奥林匹克"，是肖邦国际钢琴比赛的姊妹赛事，也是世界乐坛上最重要的国际青少年钢琴比赛之一。这是中国引进的首个世界顶级音乐赛事，迄今已举办了三届。

据我的那位钢琴专业的朋友说，肖邦钢琴曲也是中国钢琴教学的重要内容。目前，全中国共有2000多万琴童，肖邦练习曲是他们必修的曲目。可以说，在中国，肖邦音乐正"随风潜入夜，润物细无声"地广泛深入人们的心田。

永恒的雕像

梁全炳　（原中国驻波兰大使馆文化参赞）

　　在华沙市中心，有一个名为"澡堂子"的公园。它是华沙最大的园林公园，也是欧洲最大的市内公园。园中有一座用石头修建的楼房，据说就是当年波兰末代国王波尼亚托夫斯基洗浴的地方，但外观平淡，引不起人们的兴趣。茂盛的林木，幽深的景致，才是我们的喜爱。

　　不过，我来此的目的，却是瞻仰在公园最高处屹立着的那尊巨大的雕像，即人人仰慕的音乐大师肖邦的第一座纪念像。它由深褐色的装饰铜铸成，高5米，重16吨，宽大的底座用的是浅褐色的花岗岩。雕像构思深邃独创，造型新颖别致：肖邦坐在一棵柳树下，上身微微倾向右方，树干则向左舒展，一斜一展，现出了明快的节奏。肖邦的头发和斗篷在风中向右飘动，柳树的枝叶也被吹拂到右边，垂落到肖邦身后。波兰著名音乐教育家艾凯尔先生曾向我们介绍说："这飘垂的枝叶，它的造型其实是一只手——一只具有象征意义的大手。"在枝叶的飘拂下，人体和树干融成了一个完美和谐的整体。肖邦两眼轻合，眉头稍朝上皱，流露出淡淡的哀愁；紧闭的双唇和面部刚劲的轮廓却显示出他内心的倔强。这位钢琴诗人似在忧伤，在沉思，在悲愤……从他那正弹奏钢琴的右手指上，人们仿佛听到了这位爱国作曲家为反对沙俄的华沙起义及其失败谱写的扣人心弦的悲壮乐曲。

　　雕像为公园增添了魅力，吸引着成千上万的游人。波兰的青年男女，结婚时会穿着礼服、披上婚纱在雕像前摄影留念。到波兰参赛的中国年轻女钢琴家何琦还风趣地对我们说:来波兰,拜的就是这尊"神"啊。于是,人们淡忘了这里是"澡堂子公园",而把它称为"肖邦公园"。

波兰经历过种种磨难,这座雕像同样历经了极其曲折和不平凡的建造过程。肖邦于1849年与世长辞,但他对祖国至诚至深的爱,他为后人留下的丰富的具有浓郁民族风格的优美乐曲,却深深地活在人们心中。肖邦逝世后第27年,华沙音乐学会就提出建立肖邦纪念像的设想。但在波兰被瓜分和灭亡的历史条件下,这首先要征得沙俄占领者的同意。1901年,一位波兰女演员为沙皇尼古拉二世演出歌剧后,大胆地提出了这个请求。尽管沙皇仅在口头上勉强应允,仍激起了华沙市民的热情,他们遂成立了一个专门委员会。委员会冲破重重阻力,一直到1909年才举办雕像模型比赛,蜚声欧洲的波兰雕塑家希曼诺夫斯基才华横溢的创作在68件应征作品中夺魁。可是,立像计划提上日程,还须经沙俄杜马(即国会)和皇家美术学院正式通过,最后由沙皇批准。委员会费尽心血,几经波折,总算获得了成功。但由于第一次世界大战爆发,立像计划只得搁浅。

1918年,在经历了第一次世界大战的苦难后,苏俄无条件地承认了波兰的主权和独立。享受着独立自由的波兰人民,随即想到了在凄苦中客殇异邦的祖国的儿子,想到了这位为钢琴艺术乃至整个音乐史作出重大贡献的波兰骄傲的儿子,人们又为建立肖邦雕像四处奔忙起来,通过义演、义卖邮票等方法募捐,最后筹足了资金。为使雕像取得最理想的效果,人们决定把材料运到巴黎去铸造。最后,由市长选定在现址立像。

1926年11月26日,纪念像终于落成。这一天,阳光格外明朗,有30多个国家派代表团前来出席揭幕仪式,祝贺波兰独立后为肖邦立起第一座雕像。这座雕像很快燃起了"肖邦热",接着成立了"肖邦协会"。1927年即举办了首届"肖邦国际钢琴比赛",并决定这项比赛每五年

肖邦雕像下的露天音乐会
（摄影：姚曼华）

举行一次。各国青年钢琴家会聚华沙，展示他们演奏肖邦作品的才华；肖邦的音乐随之得到进一步的传播，并为世人倍加热爱和理解。

1939 年 9 月，第二次世界大战爆发，华沙遭受了残酷的蹂躏，这尊雕像也难逃厄运。

在那些黑暗的日子里，哪里响起肖邦的音乐，哪里就有人群聚集。德国著名作曲家舒曼曾说过：肖邦的作品是"隐藏在花丛中的大炮"。希特勒担心肖邦音乐中强烈的民族意识会点燃起波兰人民的反抗意识，便下令禁止在波兰演奏或播放肖邦的音乐，并于 1940 年命令将雕像炸毁。他以为这样就彻底埋葬了肖邦，殊不知恰恰暴露了希魔的怯懦。游击战士当即把雕像被毁的情景拍成照片，寄给在伦敦的波兰流亡政府，并藏起了残骸。

五年后，战争终于结束，全国各地纷纷要求重建肖邦纪念像。有关方面一致同意，并决定华沙市的肖邦像首先应照原样立在原址，象征肖邦不容摧毁、波兰不会灭亡。为此，雕塑家希曼诺夫斯基的儿子找到了原像的模型和被毁的残骸，塑像工作再次启动。

1958 年 5 月 11 日，肖邦纪念像又重新竖立起来，第二次隆重揭幕。这尊曾惊动过两个暴君的纪念像，仍像当年一样展示着波兰的力量。今天，在外国人心目中，雕像已成为波兰的象征。全欧电视联播节目将它作为播放波兰消息的标志；我国媒体介绍波兰时，也总喜欢刊登上雕像的图片。

在肖邦协会的组织下，每年 6 月至 9 月的每个星期日，都要在雕像下举行露天音乐会。雕像底座右边的平台，正好放置钢琴。为给演奏家遮阳挡雨，琴前还架起一把艳丽的大伞。协会邀请波兰和世界各国的著名钢琴家来此演奏肖邦的乐曲。我国青年钢琴家刘忆凡、吴迎也曾在此演出过，获得热烈的欢迎。

来自波兰以及其他国家的热心听众包括我们，总是早早就在雕像四周的长椅上占据一席，边等候边享受花丛中散发的芳香和欧洲难得的阳光。就在这里，肖邦作品中那些充满激情和诗意的旋律，年复一年地在天空中回荡，在人们心灵中流淌……

祝愿这座非凡的雕像，同肖邦那些不朽的音乐诗篇一起，永存于世！

后记

　　波兰是最早与新中国建交的国家之一。为纪念中波建交 70 周年，中宣部五洲传播出版社与外交部老干部笔会联合编辑出版"我们和你们"丛书之《中国和波兰的故事》（中、波文版），同时在国内外发行。

　　中波建交 70 年来，两国保持双边关系平稳发展，结下深厚传统友谊。进入 21 世纪后，双方政治互信不断增强，各领域合作日益深化，中波关系提升为全面战略伙伴关系。该书主题是传承两国人民友好合作的珍贵理念，推动巩固新时代中波全面战略伙伴关系。我们特邀请中国和波兰外交官以及两国政要、专家、学者、记者、企业家和友好人士代表等约 30 名同仁协力创作。

　　在中国驻波兰大使馆、驻革但斯克总领馆和波兰驻华大使馆及北外欧语学院的大力支持下，《中国和波兰的故事》征文工作顺利完成。令编者感动的是，老一代"波兰通"，尽管已是高龄，有的健康欠佳，仍带病坚持写作并反复修改，将自己在波兰学习、生活和工作中最有意义的故事及两国关系中亲身见证的重大事件，原原本本地娓娓道来，对后人颇有教育、启迪及传承意义。中国人民的老朋友帕斯图夏克参议长讲述了他与中国及中国人的渊源、两国议会之间的友好交往及中国与中东欧"16＋1 合作"的来龙去脉。嘎吉诺夫斯基作为波中议员友好小组主席，与读者分享了怎样积极为双方友好交流与合作"做媒"——牵线搭桥，并"宣传真实中国"的亲身经历。波兰姑娘和小伙则分别倾诉了不远万里来中国"爱情长跑"的感人缘分及友谊结晶。波方的一些老外交官朋友，也表示要为文集撰写"具有历史纪念意义的文章"，但由于年高体衰或患病住院而未能如愿，甚为遗憾。本文集中的一大亮点是，1951年成立的新中国第一家中外合资企业——中波轮船公司的双方代表，携手向我们展示了公司从艰辛创业、历经磨难到飞跃发展的波澜壮阔的全景图。中波双方员工为开辟"海上铁路"，为两国的建设事业和贸易运输作出了巨大贡献，也为中波人民友谊谱写了辉煌的篇章。本书作者多为发展两国关系作出过贡献并有一定代表性，以大视角写小故事，聚焦中国和波兰友好关系及民间交往，从某一侧面客观反映了中波关系演变发展的历史，激励青年一代更加积极地投入友好合作事业。

最后，衷心感谢中波两国特命全权大使拨冗为本书作序。刘光源大使写道：文集生动记载了中波关系经历的不凡进程，唤起我们对两国传统友谊的珍贵回忆以及对未来合作的美好憧憬。相信此书不仅能帮助读者更好地了解中波关系发展的历史，也将激励两国人民更多关注中波关系发展的未来，为推动中波关系不断添砖加瓦。波兰驻华大使赛熙军指出：波中两国及其相互合作是使这个变化万千的世界稳定的重要因素。我相信，我们将在未来共同证实这一点，同时将共同发展和提升双边关系，造福两国人民。

让我们共同为弘扬中波两国人民的传统友谊和纪念中波建交70周年大庆献上一份厚礼。谨再次感谢诸位朋友的鼎力相助！